翻訳をジェンダーする

古川弘子 Furukawa Hiroko

JN178570

★——ちくまプリマー新書

469

目次 ＊ Contents

はじめに

『プラダを着た悪魔』の主人公はどんな話し方をする？

あなたが翻訳家だったとしたら、このせりふをどう翻訳しますか？

That's amazing, Lil.

これは『*The Devil Wears Prada*』（Weisberger 2003［2008］: 185）という小説の中で、主人公のアンドレアが親友のリルに言ったせりふです。日本語訳『プラダを着た悪魔』（佐竹訳、二〇〇六）も出版されていますし、この小説をもとにアン・ハサウェイ主演のハリウッド映画も作られたので、知っている人もいるかもしれませんね。アンドレアは大学を卒業したばかりの女性です。ニューヨークの出版社でファッション誌の編集長アシスタントとして働くことになり、鬼のような編集長に鍛えられていく物語です。

リルは、アンドレアと一緒に住むアパートメントを、マンハッタン中を探し回ってやっと見つけました。このせりふは、リルがそのことを電話でアンドレアに伝えたときの返事です。

さて、あなたならこのせりふをどう翻訳したいですか？　形容詞のamazingは、『ランダムハウス英和大辞典』では「《通例、褒めて》（人を）びっくりさせるような／驚くべき、驚嘆すべき、見事な」などと説明されています。直訳すると次のようになるでしょうか。

「それは見事だね、リル。」

この訳だと、小説のせりふとしては少し硬い気がします。他にもっといい訳がありそうです。ここで、みなさんがアンドレアになったと想像してみてください。どんな日本語でこのせりふを言いますか？

わたしがこの本を執筆している二〇二四年なら、こんな言い方がありそうです。

①「めっちゃすごい、リル。」
他にも、こんな言い方をするかもしれません。
②「マジでやったね、リル。」
③「やるじゃん、リル。」
わたしは大学で教える仕事をしていますが、アンドレアと同世代の学生たちは、教室ではこんな話し方で友だちとおしゃべりをしているように思います。
では、日本語訳の中のアンドレアは何と言ったのでしょうか？

「すばらしいわ、リル。」（下巻、二〇頁）

アンドレアは、①〜③よりもずっと上品な言葉で、親友のリルに語りかけています。
みなさんは、日常生活で友だちに「すばらしいわ」と言った経験があるでしょうか？
このせりふは身近ではあまり聞かないような、きちんとしていて、美しい表現です。
さらに、①〜③にはない要素が「すばらしいわ、リル。」には加えられています。それは「女らしさ」です。①〜③を耳で聞いたり、文字で読んだりしたとき、話している人の性別ははっきりとは分かりません。英語のせりふも、性別はどちらでも良さそうです。でも、「すばらしいわ、リル。」というせりふを聞いたり読んだりすれば、それを言った人は女性だと分かります。そして、親友に向かって「すばらしいわ、リル。」と言うアンドレアのイメージは、とても女らしくて、上品で、かしこまっています。

「ハリー・ポッター」のハーマイオニーには友だちがいない？

みなさんはJ・K・ローリングの小説、「ハリー・ポッター」シリーズを読んだことがあるでしょうか？　または、ダニエル・ラドクリフやエマ・ワトソンが出演した映画版を観たことはありますか？　主人公の親友ハーマイオニーの話し方について、言語学者の中村桃子は、アメリカのウェスタン・ミシガン大学での講演でこう語りました。映画版では、エマ・ワトソンがハーマイオニーを演じています。

もし、少女がハーマイオニー・グレンジャーのような話し方をすれば、友達をなくすでしょう（笑）。彼女の話し方はとてもお高くとまっていて、まるで「私はあなたたちとは違うのよ」、または「私ってこんなに女らしい良い子なの」と言っているかのようです。これは、日本のハーマイオニー・グレンジャー世代の少女が使うような言葉ではありません。（Nakamura 2015: 4、引用者による翻訳）[*1]

ハーマイオニーは、一体どんな話し方をしているのでしょうか？　シリーズ第一巻の『ハリー・ポッターと賢者の石』（松岡訳、一九九九）の中では、一一歳の彼女がこんなことを言っています。

「あら、魔法をかけるの？　それじゃ、見せてもらうわ」（一五七頁）

一一歳というと小学五年生ぐらいです。こんな話し方をする小学生は、確かにお高くとまっているように見えます。それに、感嘆詞の「あら」を使う小学生は相当に珍しいでしょう。さらに、「見せてもらうわ」などと聞くと、小学生というよりもどこかの高級デパートでお買い物をしているマダムのようです。もし、身近にこういう話し方をする小学五年生がいたら、わたしならちょっと距離を置きたい気がします。自分とは違い過ぎて、友だちにはなれそうにありません。

では、ハーマイオニーは英語ではどう言ったでしょうか？

Oh, are you doing magic? Let's see it, then. (J. K. Rowling 1997: 105)

このせりふには、女らしさを表す要素はとくに見当たりません。もし、主人公の少年ハリーがこれを言ったとしても、それほど違和感はなさそうです。英語には話している人の性差がないのに、この日本語訳にはハーマイオニーの「女らしさ」がはっきりと表れていますね。

小説はフィクション、わたしたちはリアルな存在

そうは言っても、『プラダを着た悪魔』も「ハリー・ポッター」シリーズも小説です。

現実の世界ではなく架空の世界、フィクションです。小説の中の登場人物は架空の人物であり、わたしたちのようにリアルに生きている人間とは違います。ですから、「架空の登場人物の言葉をリアルな人間の言葉と同じように描く必要はない」という意見もあるかもしれません。

こういった意見にも一理あります。フィクションは現実を完全に再現する必要はないのですから。それに、「めっちゃすごい」や「マジでやったね」といったはやりの言葉を使った場合、一〇年後にこの作品を読む人は「せりふが古臭いな」と感じてしまうかもしれません。

しかし、たとえそうであっても、『プラダを着た悪魔』のアンドレアや「ハリー・ポッター」シリーズのハーマイオニーが現実には存在しえないほど女らしくて、上品で、理想的な女性を体現しているように見えるのも、また事実でしょう。彼女たちの話し方は、わたしたちのリアルな話し方とはかけ離れています。

翻訳小説の中にいる少女や女性は、驚くほど「女らしい」話し方をしています。このことを不思議に思ったことはありますか？　または、自分の話し方とのあまりの違いに、

「何か変だな」と感じた経験はあるでしょうか？　翻訳の中の「女らしい」言葉は、わたしたちの生活にすっかりなじんでいます。あまりにも当たり前すぎて、疑問に思うことも、違和感を覚えることもありません。

実はわたしも、大学院で翻訳学を学び、翻訳されたものを分析しながら読むということを始めるまで、翻訳の中の「女らしい」言葉に違和感を持ったことはありませんでした。幼少期から読書が好きで、小学生のころには小説のようなものを書いたこともあります。そして、大学院に行く前は出版社で雑誌や書籍の編集者をしていました。ずっと活字が好きで、活字に触れながら生きてきました。それでも、「翻訳小説の中の女性たちが自分とは違う話し方をしているのは、なぜだろう？」などとは考えたこともなかったのです。

わたしたちは物心もつかない小さいうちから、小説や映画、マンガやアニメなどを通して、こういった「女らしい」言葉に触れてきました。赤ちゃんのときからピンクや赤色の洋服やおもちゃを与えられてきた人は、物心がついて自分で欲しいものを選ぶようになっても、無意識に「女の子ならピンクや赤色のものを選ぶのが良い」と思ってしまうかもしれません。それと同じように、「女らしい」言葉に触れてきた人は、「女の子はこういう話し方をするのが良い」、「女性の話し方はこうでなければならない」という考えを頭に染み込ませ、場面に応じて使っているかもしれません。

たとえば、インフルエンサーがSNS上で日本の政治や社会について何かを書いたり言ったりすれば、その言葉は瞬時に広まりますし、そのインフルエンサーの考えを信じる人も多いでしょう。有名な人が何かを書いたり言ったりすれば、その内容を信じたくなるものです。政治家や有名人の発信がわたしたちの考え方に影響を与えるのは、よくあることです。でも、言語学者のフェアクラフ（Fairclough 1989［2001］）は、こういった考えがもっとも効果的に広まるのは、わたしたちが自覚していないうちに発信されたときだと指摘しています。

こういった「考え」のことを「イデオロギー」と呼びますが、わたしたちが気づかない間にじわじわと広がっていくイデオロギーは、わたしたちの意識の及ばないところでとても大きな影響を与えているのです。

日本語への翻訳では、「女らしい話し方ってこういうもの」というイデオロギーが小説や映画、マンガやアニメ、ドラマや雑誌、さらには広告など、様々なものに表れています。そして、わたしたちは不思議に思ったり疑問を抱いたりすることもなく、そのことを受け入れ、「女らしい話し方ってこういうもの」と無意識に考えるようになっていくのです。

フェミニスト翻訳とは女性を「見える化」「聞こえる化」すること

本書では翻訳をジェンダーの視点から考えていきます。

書名『翻訳をジェンダーする』の「ジェンダーする」は、「ジェンダーの視点から考える／見る」ことを意味する造語です。ジェンダーに関する有名な論文「Doing Gender」(West and Zimmerman 1987)では、「ジェンダーする」ことは社会の中で考えられている女らしさや男らしさにあった振る舞いや言葉づかいをすることを指しますが、本書では新たな意味で使っています。

ここで紹介する「翻訳学」という学問には、あまりなじみがない人が多いかもしれませんね。翻訳学とは、とても簡潔にまとめると「翻訳されたもの、翻訳する人、そして、翻訳するということについて考える学問」です。

この翻訳学の中で、一九九〇年代後半から「フェミニスト翻訳」というものが議論されるようになってきました。きっかけは、二冊の本『*Gender in Translation*』(Simon 1996)と『*Translation and Gender*』(von Flotow 1997)が出版されたことです。二冊ともカナダの研究者が書いたものです。カナダの公用語は英語とフランス語の二言語であるため、翻訳が身近にあり、翻訳についての議論が盛んに行われていました。そんな環境にあって、フェミニズムへの関心が高まってきたことがきっかけとなり、翻訳をジェンダーの視点から考える本が出版されたのです。そして、翻訳とジェンダーを結びつけて考えたり、研究をしたりする人が増えてきました。

翻訳は、「どう訳すか」という技術的なことだけが問題なのではありません。翻訳されたものは、それを読む読者がいる社会を映し出します。そして、翻訳されたものに使われる言葉は、社会にある考えを映し出すものです。

言い換えると、翻訳の中で使われる言葉は、社会の中にあるイデオロギーを伝えているともいえます。一方で、翻訳の中で使われる言葉を変えることで、社会の中にあるイデオロギーに異議を唱えることもできます。

フェミニスト翻訳家のド・ロトビニエール＝ハーウッドは、こう書いています。

言語の中で女性という性を「見える化」することとは、社会の中で女性を目に見え、声を持つ存在にすることを意味する。フェミニズムとは、つまりそういうことだ。
(de Lotbinière-Harwood in von Flotow 1997: 29、引用者による翻訳)*2

フェミニスト翻訳の目的の一つは、翻訳されたものに使われる言葉の中で、女性の存在を「見える化」することです。言葉の中で女性の存在を「見える化」することは、社会の中でも女性を「見える化」し、女性の声を「聞こえる化」することにつながります。たとえば、男性の陰に隠れるような存在だった女性を言葉の中で「見える化」すれば、社会の中でないがしろにされてきた女性の存在を認めることができます。そして、翻訳されたものの中で性差別的な表現はおかしいと主張できれば、そのメッセージは読者にも伝わります。女性の声を読者に「聞こえる化」できれば、性差別的な表現をなくすこともできます。

これから紹介する内容

では、日本語への翻訳をフェミニスト翻訳の視点から考えてみたら、どうなるだろう？　この問いに対する答えを探そうとしたのが本書です。

第一章では、日本語への翻訳とジェンダーとのかかわりについて、特に、翻訳小説に登場する女性たちの話し方に「女ことば」がどう表れているかを考えてみます。

考える材料として、いくつかの翻訳小説の事例を紹介します。先ほど「翻訳の中の女性が女らしい話し方をしている」と書きました。では、翻訳された女性たちの話し方は、現実の女性の話し方とどう違うのだろうか、日本語で書かれた小説と比較したときに何か違いがあるのだろうか、翻訳者の性別は翻訳に影響するのだろうか、などの疑問について、『プラダを着た悪魔』や「ハリー・ポッター」シリーズなどの翻訳を対象にした研究を紹介しながら一緒に見ていきます。この章がめざすのは、社会が考える「女らしさ」が翻訳にどう映し出されているかを探ることです。

第二章では、社会が考える「女らしさ」に翻訳がどう抗《あらが》ってきたかを紹介します。具体的には、一九七〇年代と一九八〇年代のフェミニスト翻訳の事例を二つ紹介します。これらの翻訳は、「女性の健康のバイブル」と呼ばれる本、『*Our Bodies, Ourselves*』の日本語訳です。

一九七〇年代にアメリカで出版された『*Our Bodies, Ourselves*』は、中絶や同性愛、セルフプレジャー（自慰行為）などについて積極的に取り上げており、当時の読者は衝撃を受けたそうです。現在では通算約四五〇万部のロングセラーとなり、世界で三〇言語以上に翻訳されています。日本の女性たちがこの本をどう訳したのかを見ていきます。

一九七〇年代と一九八〇年代は、今よりもずっと、女性が自分のからだを自分のものとしてとらえることができなかった時代でした。翻訳した女性たちは、「わたしのからだはわたしのもの。自分のからだについて知ることは、自分自身について知ること。わたし自身のことは、他人ではなく自分が決める」という強いメッセージを、日本の読者に伝えようとしました。女性が目に見え、声を上げ、自立するための翻訳を行ったのです。この翻訳では、ネガティブな印象を変えるために女性の生殖器に対して新しい名称を作ったり、職業名を提案したりする試みも行われました。

第三章では、これからわたしたちは翻訳とどう付き合っていくか、そして、翻訳に何ができるのかについて考えてみたいと思います。ここでは、これから必要になってくると考えられる三つの変化を取り上げています。

一つ目は、翻訳の中の女ことばを減らし、一律の「女らしさ」から、それぞれの個性を大切にすることをめざす必要があるのではないかということです。二つ目は、ネガティブなイメージのない新しい性器の名称が求められているということです。そして最後は、ノンバイナリーの代名詞が日本語にも必要ではないかということです。ノンバイナリーとは、「男性か女性か」という二つの分類に縛られないということです。

スウェーデン語には、二〇一二年ごろから一般に使われ始め、二〇一五年には辞書に収録されるほど定着したノンバイナリーの代名詞があります。日本語でいうと、「彼」

や「彼女」に代わる新しい代名詞です。翻訳語についての研究を行った柳父章によると、日本語の三人称代名詞の「彼」と「彼女」は、実は翻訳から生まれた言葉でした。この歴史から、わたしは翻訳には新しい価値観を持った言葉を作る可能性があるのではないかと考えています。

ここで、例を一つ紹介しましょう。柳父の指摘によれば、「社会」という言葉も翻訳によって生まれ、今では日常生活に欠かせないものになりました。この「はじめに」の中でも、わたしはすでに「社会」を一一回も使っているほどです。

かつて、日本には「社会」という言葉が示す概念そのものがありませんでした。そこに、西洋語（英語の society など）の翻訳から、試行錯誤の末に「社会」という言葉が生まれました。「社会」は古い漢語ですが、society の意味で使われることは非常にまれで、新語と呼べる言葉でした。この「社会」が、明治一〇年代ごろ（一八八〇年代ごろ）からよく使われるようになりました。そして、明治二〇年代を過ぎたころ（一八九〇年代ごろ）には日本語に定着していきました。その結果、「社会」が示す概念も日本語を使う人たちに定着していったのです。

「社会」という言葉が生まれてから約一四〇年後に生きるわたしたちは、「社会」を使わずに日本語を書くことは不可能ではないかと思うほど、この言葉は身近にあります。そして、「社会」が指し示すものが身近にあると感じながら、日々、生活をしています。

翻訳には、それまでにあった古い考えにとらわれない、新しい言葉を生み出す可能性があります。そして、社会の中に存在しなかったり、埋もれたりしている概念を言葉によって「見える化」したり、それまでの偏った見方を変えたりする力があります。

本書は、ジェンダーやフェミニズム、翻訳に興味のある人や、ジェンダーや翻訳について学びたいと考えている人、言葉と社会とのかかわりに関心を持っている人、言葉を変えることで社会を変えたいと願っている人、自分自身のままでいたいと思っている人、そして、自分のことや自分のからだのことを好きになりたいと思っている人に贈りたいと思います。どうぞお付き合いください。

なお、読みやすさを重視したため、本文内に表記する出典は最小限にとどめています。より詳しく知りたい方は参考文献をご覧ください。

＊1：

If a young girl like Hermione Granger speaks like this, she will lose her friends [laughter 笑]. She sounds so snobbish or seems to say “I'm different from you guys” or “I'm such a feminine nice girl.” This is not women's language you would hear in Japan from a young girl like Hermione Granger. (Nakamura 2015: 4)

＊2：

[...] making the feminine visible in language means making women seen and heard in the real world. Which is what feminism is all about. (de Lotbinière-Harwood in von Flotow 1997: 29)

第一章　小説の女たちはどう翻訳されてきたのか

日本語への翻訳とジェンダー

わたしは仙台に住んでいますが、冬の日にふと朝日に春を感じて窓を開け、「今日は暖かくて気持ちがいいなぁ」と思ったとき、自然とこんな言葉が出てきます。

①「今日は暖かい。」

もし、同じ状況で誰かに向けて話すとしたら、次のように言うかもしれませんね。

②「今日は暖かいね。」

③「今日は暖かいよ。」

④「今日は暖かいわ。」

⑤「今日は暖かいぜ。」

同じ内容を英語で言うとしたら、たとえば、こんな言い方がありそうです。

It's warm today.

英文と①〜⑤の日本文は、意味する内容は全く同じです。でも、何かが違います。そうです。日本文では、それを言った人たちのイメージが全然違います。④「今日は暖かいわ。」と言う人と、⑤「今日は暖かいぜ。」と言う人を頭の中に思い描いてみてください。どんな人が浮かんできましたか？　——全く違うキャラクターが浮かんできたのではないでしょうか？

④の人は女らしくて上品な感じがします。一方で、⑤の人は男らしさを主張しているようでもあります。④と⑤からは、話している人の女らしさや男らしさが表れ出ています。でも、英文からはここまで細かいキャラクターの違いは感じ取ることができません。これは日本語の特徴の一つです。

この日本語の特徴が、翻訳をする際にはとても重要になってきます。「It's warm today.」と言うときには、声の調子や発声のしかたなどで、女らしさや男らしさを強調することができるかもしれません。でも、小説の中のせりふになった場合、特に説明がついていなければ、声の調子や発声のしかたがどうなっているかを知ることはできません。そうすると、英語の「It's warm today.」には、女らしさや男らしさは表されなくなります。

この「It's warm today.」を、今度は日本語に翻訳してみたら、一体どうなるでしょうか？　いろいろな訳が考えられますが、たとえば、先ほど挙げた⑤のような訳し方をしたとすると、日本語訳の読者には「It's warm today.」を言った人の「男らしさ」が伝わることになります。

次に引用したのは、ジャネット・ウィンターソンの小説『灯台守の話』（岸本訳、二〇一二）の一節です。AとBは、男女の夫婦です。

さあ、AとBはそれぞれ男性か女性のどちらでしょうか？

A「マフィンを焼く前にお茶を淹《い》れるものだから」

B「なら、焼いた後で淹れるといい」

A「でもそうするとマフィンが冷めてしまうわ」

B「両方とも冷めている」

正解はAが女性、Bが男性です。簡単だと思った人も多いことでしょう。簡単に判別できたのは、この二人が女ことばと男ことばを使っているからです。

日本語の女ことばと男ことば

女ことばと男ことばとは一体、何でしょうか？　言語学者の岡本成子（二〇一〇）によれば、次のような特徴があります。

【女ことばの特徴】

・男ことばよりも敬語（尊敬語、謙譲語、丁寧語）をよく使う。

・敬語の一種である「お」や「ご」などの接頭辞も多用し、「水」の代わりに「お水」などと表現する。

・命令形を避け、文末詞は「わ」、「だわ」、「かしら」などを使う。

・語彙の特徴では、「食う」などの粗野なことばを避け、間投詞も「おい」や「こら」ではなく、「あら」や「まあ」などを使用する。
・代名詞については、一人称代名詞では本来は中性形である「わたし」や「あたし」、「あたくし」を使い、二人称代名詞では本来、中性形である「あなた」を男性よりも使う。
・音声面では、女性の方が高い声を好み、文末も尻上りのイントネーションを使うことが多く、「うめえ」などといった音の縮約も避ける。

【男ことばの特徴】
・女ことばよりも敬語（尊敬語、謙譲語、丁寧語）を使う頻度が低い。
・女ことばよりも命令形や断定形を使い、文末詞は「ぞ」や「ぜ」などを使う。
・語彙の特徴では、「食う」や「でかい」のような粗野な語彙を使用し、間投詞は「おい」、「こら」などを使用する。
・代名詞では、一人称代名詞は「おれ」、「ぼく」を使い、二人称代名詞では「きみ」や「おまえ」の使用率が高い。

岡本は、女ことばのスタイルを「やわらかい、断定的ではなく間接的、上品で優雅」と形容しています。Aの「マフィンを焼く前にお茶を淹れるものだから」は、「マフィンを焼く前にお茶を淹れるから」と断定してもいいのに、「淹れるものだから」と間接的に表現していますね。また、同じAの「でもそうするとマフィンが冷めてしまうわ」は、「わ」という文末詞を使っています。この文末詞は女ことばの代表的な用法です。

これに対して、Bの「なら、焼いた後で淹れるといい」と「両方とも冷めている」は、共に断定した形で話していますね。

また、日本語には話している人の出身地域や立場などが表れることもあります。日本語学者の金水敏は『ヴァーチャル日本語　役割語の謎』(二〇〇三)という本の中で、日本語では「Yes, I know.」という意味のことを「そうよ、あたしが知ってるわ」、「そや、わてが知っとるでぇ」、「そうじゃ、拙者が存じておる」、「そうですわよ、わたくしが存じておりますわ」、「そうだよ、ぼくが知ってるのさ」、「んだ、おら知ってるだ」などと、さまざまに表現できると述べています。そして、せりふを話した人が少女なのか、少年なのか、田舎出身の男性なのか、上流階級の女性なのか、西日本地方の出身者なのか、それとも侍なのかが一目瞭然となると指摘しています。

金水は「役割語探求の提案」と題した論文の中で、こういった特定のキャラクターを思い浮かべる言葉づかいのことを「役割語」と呼びました。役割語とは、次のように定義されます。

ある特定の言葉遣い（語彙・語法・言い回し等、あるいはスピーチ・スタイル）を聞くと特定の人物像（年齢、性別、職業、階層、時代、容姿・風貌等）を思い浮かべることができるとき、あるいはある特定の人物像を提示されると、その人物がいかにも使用しそうな言葉遣いを思い浮かべることができるとき、その言葉遣いを「役割語」と呼ぶ。（金水、二〇〇〇、三一一頁）

物語の登場人物に役割語を使うということは、その登場人物をあるステレオタイプに当てはめるということでもあります。いかにもお嬢様らしい人物を物語に登場させたいときには、お嬢様のステレオタイプにあてはまるような言葉を使わせることで、読者にはその人物のお嬢様らしさを伝えることができます。ですから、物語を書く人にとっては、役割語は便利な道具だともいえるでしょう。

翻訳の中の女性はもっとも典型的な女ことばを話す?

これが翻訳だったらどうでしょうか? 翻訳する物語の登場人物がいかにもお嬢様らしい人としてキャラクター設定がされていれば、女ことばを使ってお嬢様らしい言葉に翻訳することができます。でも、これまでに出てきた英文の「It's warm today.」や「Yes, I know.」のように、話している人がどれぐらい女らしいキャラクターなのか、または男らしいキャラクターなのかが分からない場合、どう訳したらいいのでしょうか?

こんなとき、翻訳者はその登場人物の女らしさや男らしさの度合いを推定し、その度合いに適した話し方に訳す必要があります。つまり、物語の中に描かれた性格描写などから推測して、登場人物をどういうイメージに作り上げるかを考えるのも、翻訳者の仕事だといえます。

翻訳の中で使われる言葉は、その登場人物のイメージを左右する重要な要素です。もしも同じ作品を複数の翻訳者が訳した場合、内容はもちろん同じでも、せりふに使われた言葉によって主人公のイメージが全く違ってくる可能性もあります。

中村は、翻訳の中の女性たちの言葉づかいについて、こう書いています。

　戦後から一貫して、もっとも典型的な女ことばを話しているのは、翻訳の中の外国人女性なのである。（中村、二〇二一、一九九頁）

では、翻訳の中の女性は、実際にはどんな日本語で訳されてきたのでしょうか？　現実の女性と比較すると、具体的にはどれぐらい、女らしいのでしょうか？　また、翻訳された物語の中の女性の話し方と、日本語で書かれた物語の中の女性の話し方を比較してみたら、一体、どんなことが分かるでしょうか？　さらに、翻訳者の性別が翻訳の言葉づかいに関係があるのかどうかも気になりますね。

これらの疑問に答えるために、次の㋐～㋒を比較していきたいと思います。

【AとBでは、どちらの女性がより女らしく話している?】

㋐A　翻訳小説の中の女性
　B　現実の女性

㋑A　翻訳小説の中の女性
　B　日本語の小説の中の女性

㋒A　女性の翻訳者が訳した女性
　B　男性の翻訳者が訳した女性

翻訳小説の女性の話し方vs現実の女性の話し方

まずは、比較㋐「翻訳小説の中の女性」と「現実の女性」について、一つの事例を紹介していきましょう。

ここで取り上げる翻訳小説は次の四作品、一〇冊です。

㈠『プラダを着た悪魔（上・下巻）』（佐竹史子訳、二〇〇六）
㈡『ハリー・ウィンストンを探して』（佐竹史子訳、二〇〇九）
㈢『ブリジット・ジョーンズの日記』（亀井よし子訳、一九九八）
㈣『レベッカのお買いもの日記（一〜六巻）』（一巻は飛田野裕子訳、二〜六巻は佐竹史子訳、二〇〇三〜二〇一一）

これらの四作品はすべて、英語で書かれた物語が日本語に翻訳されたものです。原作は「chick lit（チック・リット）」といわれる大衆文学のジャンルに入ります。若い女性の恋愛や仕事、結婚などを扱った、気軽に読める小説のことです。このジャンルの物語では、女性たちが困難を乗り越えていく姿が描かれることが多く、女性のせりふが多く含まれます。現実の女性の言葉と比較するには、友達や恋人との自然な会話文が多い物語が適しているため、これらの作品を選んでいます。

各作品について、簡潔に紹介していきましょう。

㈠『プラダを着た悪魔（上・下巻）』は、大学を卒業したばかりの女性・アンドレアが主人公の物語です。アンドレアはジャーナリスト志望ですが、ニューヨークにあるファッション誌の編集部で、悪魔のように厳しい編集長のアシスタントとして働くことになりました。物語には彼女の恋愛模様も描かれています。

この作品はアメリカ人作家ローレン・ワイズバーガーのデビュー作で、作家自身の体験も反映されていると言われています。原作は二〇〇三年の刊行と同時にベストセラーとなりました。そして、二〇〇六年にアン・ハサウェイ主演、メリル・ストリープ助演で映画化されました。

㈡『ハリー・ウィンストンを探して』は、『プラダを着た悪魔（上・下巻）』と同じ作家が書いた作品で、二〇〇九年に日本語訳が出版されています。物語の舞台は同じくニューヨークで、三〇歳を目前にして仕事や結婚に悩む主人公のリーと、その親友の女性二人を中心に物語が展開していきます。

㈢『ブリジット・ジョーンズの日記』の主人公ブリジットは、ロンドンの出版社で働く三〇代の女性です。理想の恋人を手に入れるために、ダイエットに励んでは失敗したりしています。ブリジットと同様、働く女性である二人の親友との会話が多い物語です。この作品も二〇〇一年に映画化され、ブリジット役をレネー・ゼルウィガーが演じています。

㈣『レベッカのお買いもの日記（一～六巻）』の主人公レベッカは、二〇代の女性です。ロンドン在住の新人ジャーナリストで、個人資産の運用についての記事を書くのが仕事です。それなのに、レベッカ自身は買い物中毒でクレジットカードの返済に追われています。このシリーズは、レベッカが恋愛、結婚、出産をして夫や親との関係や経済的な危機などの困難を乗り越えて成長していく物語です。

分析の方法

それでは、分析の方法を説明しておきます。ここで分析の対象としたのは、会話文の文末詞です。その理由は、文末詞は女ことばの代表的なものと考えられているからです。また、各小説から取り出した会話文の数については次の通りです。

㈠『プラダを着た悪魔（上・下巻）』では、主人公アンドレアの会話文のうち、親しい友人リリーと恋人アレックスとの間でなされた五八二文を取り出しました。

㈡『ハリー・ウィンストンを探して』からは、主人公リリーの会話文のうち、親友エミーとアドリアナとのもの七二八文を取り出しました。

同様に、㈢『ブリジット・ジョーンズの日記』と㈣『レベッカのお買いもの日記（一～六巻）』でも、親しい間柄の人との会話文をそれぞれ一一五文と一九〇七文を取り出しています。

この分析で親しい間柄の人との会話のみを対象としたのは、目上の人や仕事関係の人との会話文では丁寧語を使うからです。丁寧語は「～です」や「～ます」で終わるので、文末詞は使われません。

そして、取り出した会話文の文末詞を言語学者のオカモトとサトウ（Okamoto and Sato 1992）が作成した表に照らし合わせて分類していきました。具体的には、文末詞を①「とても女らしい」、②「まあまあ女らしい」、③「とても男らしい」、④「まあまあ男らしい」、⑤「性を限定しない」の五段階に分類しました。

この分類表はオカモトとサトウが先行研究を参考にして整理したもので、伝統的に主に女性のものとされてきたものを「女らしい文末詞」、男性のものとされてきたものを「男らしい文末詞」、女性にも男性にも使われてきたものを「性を限定しない文末詞」とみなしています。①〜⑤に含まれる文末詞は、次のようなものです。

①とても女らしい文末詞
「わ」、「わね」、「わよ」、「わよね」、「だわ」、「だったわ」、「だったわよね」、「(「静かな」の「静か」など、尻上りで、名詞や「ナ形容詞」の本体につく)よ」、「なの」、「なのよ」、「かしら」など

②まあまあ女らしい文末詞
「(動詞や「かわいい」などの「イ形容詞」につく)の」、「(「待って」など、動詞の「テ形」につく)ね」、「でしょ」など

③とても男らしい文末詞
「ぞ」、「ぜ」、「行け」、「行けよ」、「行くな」、「行くなよ」などの命令形につく文末詞、「すげえ」、「知らねえ」といった音が縮約されたものなど

④まあまあ男らしい文末詞
「だ」、「だよ」、「なんだ」、「なんだよね」など
⑤性を限定しない文末詞
動詞や「イ形容詞」の普通形（「行く」や「おいしい」など）、「ナ形容詞」の本体のみか名詞で終わるもの（「きれい」や「明日」など）、動詞の「テ形」（「見て」など）、「よね」、「もん」、「じゃない」、「じゃん」、「かな」など

言葉は時代とともに変わるものです。オカモトとサトウ自身が指摘していることですが、これはあくまでも伝統的な分類に基づいたものです。ですから異論もあるかもしれません。それに、この分類表が作られてから三〇年以上が経《た》っているので、分類表そのものを更新する必要もあるのかもしれません。しかし、現段階では他に包括的な分類がないことと、この後で比較をしていく、現実の日本女性の会話分析もこの分類表に基づいていることから、本書ではこの分類表を採用しています。

翻訳小説の女性たちはどんな話し方をする？

さて、結果はどうだったでしょうか？

ここでは、①「とても女らしい文末詞」と②「まあまあ女らしい文末詞」を合計した数字だけを見ていきます。それぞれ、取り出した主人公のすべての会話文の中で、①「とても女らしい文末詞」と②「まあまあ女らしい文末詞」にあてはまった割合の合計を示しています（他のデータも見たい方は、章末の表を参照してください）。

①「とても女らしい文末詞」＋②「まあまあ女らしい文末詞」の割合

(一)『プラダを着た悪魔（上・下巻）』	４３・０７％
(二)『ハリー・ウィンストンを探して』	４２・７６％
(三)『ブリジット・ジョーンズの日記』	４５・２２％
(四)『レベッカのお買いもの日記（一～六巻）』	４６・３６％

（古川、二〇一三）

四作品のすべてで、①「とても女らしい文末詞」と②「まあまあ女らしい文末詞」にあてはまった割合の合計は四〇％以上という結果が出ました。つまり、主人公の会話文の半分弱は女らしい文末詞を使って話していることになります。

「はじめに」で紹介した『プラダを着た悪魔』の主人公・アンドレアの「すばらしいわ、リル。」というせりふは、この時だけが特別に女らしくて、上品で、かしこまっているというわけではないのです。

一〇冊のうち、八冊は同じ翻訳者による翻訳です。ですから、会話文での言葉の選び方が似てくることはあるかもしれません。でも、四つの作品の主人公はそれぞれ違った性格の持ち主として描かれています。それにも関わらず、数値はとても似ていますね。また、出版された年数も『ブリジット・ジョーンズの日記』の一九九八年から『レベッカのお買いもの日記（六巻）』の二〇一一年まであり、一〇年以上の差があるのですが、出版年の違いもそれほど影響してはいません。

翻訳小説の話し方≠現実の女性の話し方

では、ここからは現実の女性の話し方との比較をしてみましょう。日本女性の会話分析には、オカモトとサトウの研究と岡本（二〇一〇）の研究結果を用います。

オカモトとサトウの研究では、一八～二三歳までの女子大生七人による一対一の会話を録音したデータと、二七～三四歳までの主婦三人による一対一の会話を録音したデータを分析しています。ここで分析対象となった会話文の数は、それぞれ九一〇と三九〇です。この実験では親しい友人との会話に研究対象を絞っています。その理由は二つあります。まず一つ目は、文末詞はフォーマルな場面ではなく普段の会話でよく使われるから。そして二つ目は、友人と話す場合と目上の人と話す場合では、話し方を変える場合が多いからです。

岡本の研究では、一八～二〇歳までの女子大生一〇人によって行われた会話のデータを分析しています。こちらのデータも親しい間柄にある二人の会話を録音したものです。会話文の数は一五〇です。この研究では、①「女らしい文末詞」、②「男らしい文末詞」、③「性を限定しない文末詞」の三段階でのデータしか提供されていません。しかし、一九九二年のオカモトとサトウの研究と比較して二〇一〇年とデータが新しく、対象とした翻訳小説の発行年にも近いためにこちらも参照しました。

岡本の研究で使った次の分類も、先行研究を参考に作成されています。

①女らしい文末詞
「（尻上りの）わ」、「かしら」、「のね」、「なの」、「でしょ」など
②男らしい文末詞
「ぞ」、「ぜ」、「じゃねえ」、「だ」、「（だ）よ」など
③性を限定しない文末詞
「よね」、「じゃない」、「かな」など

どちらの研究も、被験者（会話をした人たち）は東京在住の標準語を話す人です。会話が不自然になりがちな最初の数分〜五分を除いて、その後の会話文を分析の対象としています。

四つの翻訳作品の結果の隣に、現実の女性の会話文で使っていた①「とても女らしい文末詞」と②「まあまあ女らしい文末詞」を合計した数字を付け足してみます。

①「とても女らしい文末詞」+②「まあまあ女らしい文末詞」の割合

㈠『プラダを着た悪魔（上・下巻）』　43・07％
㈡『ハリー・ウィンストンを探して』　42・76％
㈢『ブリジット・ジョーンズの日記』　45・22％
㈣『レベッカのお買いもの日記（一～六巻）』　46・36％

一　オカモトとサトウの一八～二三歳　14％
二　オカモトとサトウの二七～三四歳　24％
三　岡本の一八～二〇歳　12・3％

（古川、二〇一三）

現実の女性のデータで数値が一番大きかったのは、オカモトとサトウの二七～三四歳のデータで二四％でした。オカモトとサトウの研究では「大学を卒業して就職したら自分の話し方を変える」と語る人が数名いたので、この数値が一番高いのはそういう理由からかもしれません。
比較してみると、翻訳の中の女性の会話に出てくる「女らしい」文末詞は、現実の女性の話し方に占める割合の二〜四倍弱もあることになります。ずいぶん大きな差がありますね。翻訳された女性たちの話し方は、こんなにも女らしさが強調されているということです。

参考までに、③「とても男らしい文末詞」と④「まあまあ男らしい文末詞」の割合の合計がどの程度だったかも紹介しましょう。

③「とても男らしい文末詞」+④「まあまあ男らしい文末詞」の割合

(一)	『プラダを着た悪魔(上・下巻)』	2・22%
(二)	『ハリー・ウィンストンを探して』	0・00%
(三)	『ブリジット・ジョーンズの日記』	0・87%
(四)	『レベッカのお買いものの日記(一〜六巻)』	0・73%

一　オカモトとサトウの一八〜二三歳　２９％
二　オカモトとサトウの二七〜三四歳　１４％
三　岡本の一八〜二〇歳　１８・９％
（古川、二〇一三）

男らしい文末詞に注目してみても、翻訳小説の中の女性の言葉と現実の女性の言葉がずいぶん違うことが分かります。翻訳小説では、一番割合の高かった『プラダを着た悪魔』でもわずか二％程度です。一方、現実の女性たちは、会話の中の一四〜二九％に男らしい文末詞を使っています。現実の女性は、日常生活の中で友人たちと話すときには、ときどき男らしい文末詞を使っているということになりますね。でも、翻訳された女性たちは、男らしい文末詞をほとんど使うことなく、友人たちと話しているのです。

日本で一年間に刊行される新刊書は、二〇二一年時点では七〜八万点、そのうち翻訳書は約六〇〇〇点だということです。この翻訳書六〇〇〇点にはノンフィクションなども含まれますが、翻訳書の出版点数の多さが分かります。ですから、今回紹介した四作品、一〇冊はほんの一部です。他の翻訳小説を分析したら、違った数字が出てくるかもしれません。

それでも、翻訳小説の中の女性の会話文と同年代の女性の会話文のデータと比較してみると、大きな違いがあることが分かっていただけたでしょうか？

自分にとって当たり前なことは目に見えない

数字を使った説明が続きました。ここで、ひと息つきましょうか。

ここに引用したのは、『*Storm Damage*』（Patten 1995）という詩集に収められている詩の冒頭部分です。ちょっと読んでみてください。

Hair Today, No Her Tomorrow

'I've been upstairs（上の階）,' she said.

'Oh yes?' I said.
'I found a hair,' she said.
'A hair?' I said.
'In the bed,' she said.
'From a head?' I said.
'It's not mine,' she said.
'Was it black?' I said.
'It was,' she said.
'I'll explain,' I said. […]

どんな内容の詩だと思いますか？

大学で教え始めてから、これまでに数回、わたしは授業の受講生にこの詩を紹介しました。まずは何の説明もせずに読んでもらい、ここで何が起こっているかを受講生にたずねました。すると、多くの場合「女の人と男の人が、髪の毛のことでもめていると思います」といった返答がありました。

けれども、この詩の中では本当に「女の人と男の人が、髪の毛のことでもめている」のでしょうか？　Ｓｈｅは確かに女の人でしょう。では、Ｉはどうでしょうか？　ここに引用した一〇行には、Ｉの性別を示すヒントは何もありません。ですから、「女の人と男の人」と断言することはできないのです。

実はわたしも、最初にこの詩を読んだときには「女の人と男の人」と考えました。それも、何の疑問を抱くこともなく。わたしがこの詩に出合ったのは、確かイギリスの大学院の修士課程にいた二〇〇七年ごろでした。ある英語のブログでこの詩が紹介されていたと記憶しています。そのブログは、固定観念について語るためにこの詩を引用していました。

わたしたちは、自分が経験してきたことや学んできたことなどを通して、ある物事の見方を身につけています。その物事の見方は「固定観念」と呼ばれ、わたしたちに染みついています。それはまるで、取り外しが難しいコンタクトレンズのようです。

わたしは、自らの経験で作り上げた固定観念というコンタクトレンズを通してこの詩を読み、「女の人と男の人がケンカをしている」と思い込みました。というよりも、Iについて考えてみることすらしませんでした。Iが男性であることは、わたしには自明だったからです。当時から性の多様性に関心がありましたが、自分の思い込みが誤りかもしれないということに、全く気がつかなかったのです。

固定観念を持たない人はいないでしょう。それでも、「自分の固定観念は偏っているかもしれない」と気づいていることは大切だし、その気づきを忘れたくないと思います。そのために、この詩をときどき読み返してみたりしています（この詩を最後まで読むと、Iは男性ではないかと推測することはできます）。

「*Hair Today, No Her Tomorrow*」という詩が教えてくれたように、わたしたちは自分がそうだと思い込んでいることは、気にすることも疑うこともありません。自分にとって当たり前なことは目に見えない、ということがしばしばあるのです。

サン＝テグジュペリの『星の王子さま』（河野訳、二〇〇六〈二〇二三〉）には、次のような印象的なせりふがあります。とても有名なせりふなので、知っている人もいるかもしれませんね。

「いちばんたいせつなことは、目に見えない」

もう一つ、見逃してしまいがちなことを、覚えていただけたらと思います。

「自分にとって当たり前なことは、目に見えない」

「女らしい話し方をする外国の登場人物たち」は、わたしたちの物心がつくまえから、物語の中に存在していました。その存在が当たり前すぎて、わたしたちは気にすることもなく、そして疑問を抱くこともなく過ごしてきました。みなさんのなかには、「この主人公はこんな話し方をするほど性格が女らしいだろうか」などと考えながら小説を読んできた人もいるかもしれません。でも、そういう人はそれほど多くはないのではないでしょうか？

翻訳された女性と、現実の女性の話し方がこれほどまでに違うとは、驚きではありませんか？　そして、そのことを意識せずに翻訳された物語をこれまで読んでこられたということにも、驚きませんか？

翻訳された小説vs日本語で書かれた小説

では次に、比較㋑の「翻訳小説の中の女性」と「日本語の小説の中の女性」について見てみましょう。ここでは、二つの作品を題材にして、女性の登場人物の話し方を分析していきます。研究手法は先ほどと同じです。

㈠『ハリー・ウィンストンを探して』（佐竹史子訳、二〇〇九）
㈡『あまからカルテット』（柚木麻子著、二〇一一）

㈠『ハリー・ウィンストンを探して』は文庫本としての出版でしたが、㈡『あまからカルテット』は二〇一一年に単行本として出版された後、二〇一三年に文庫本が出ています。ここで分析したのは文庫本です。
この二作を選んだのは、共通点が五つあるからです。一つ目は、登場人物の状況や年齢が似ていることです。二作とも恋愛や仕事をテーマにした小説で、主な登場人物はみな三〇歳になる直前ぐらいに設定されています。二つ目に、対象読者が似ていることです。対象読者は登場人物と同じぐらいの二〇〜三〇歳代ぐらいの女性と考えられます。三つ目の共通点は、物語の中に複数の女性が登場し、その女性たちが親友同士であることです。四つ目に、女性たちの会話を中心に物語が展開していくことです。そして最後に、二作の初版の出版年が二〇〇九年と二〇一一年と近いことも、ここで比較分析をする理由です。

それぞれの登場人物を紹介しましょう。

㈠『ハリー・ウィンストンを探して』には、大学時代からの仲良し三人組が登場します。彼女たちの名前はリー、エミー、アドリアナです。三〇歳を目前に控え、彼女たちは恋愛や結婚、そして仕事に悩んでいます。

リーは出版社勤務で、仕事が充実していて恋人もいるし、両親との仲も円満で、さらには最近マンションも購入したばかり。友人たちからは、何も不満はないだろうと思われています。でも、異常な心配性だと自覚していて、常に愛情を注いでくれる理想ともいえる恋人のことを息苦しいとさえ感じています。

エミーは、あるレストランのマネジャーです。結婚して子どもを持つことが夢だったのに、結婚も出産もしないでバリバリ働いています。彼との交際もすでに五年。その彼の誕生日プレゼントにスポーツジムの会費を払い、パーソナル・トレーニングもつけてあげたのに、二三歳のトレーナーに彼を取られてしまいます。

アドリアナはブラジル人富豪の娘です。大学卒業後、一度も働いたことはなく、両親が持っているニューヨークの高級マンションの最上階に住んでいます。そして、親友のリーが「これほど美しい女の子がいるなんて、おどろきというしかない」と思うほどの容姿の持ち主として描かれています。

(二)『あまからカルテット』に登場するのは、女子中学校からの仲良し四人組です。彼女たちの名前は咲子、薫子、由香子、そして満里子です。小説の中では、彼女たちの二八〜二九歳までの日々が語られています。

咲子は音大を出て、自宅でピアノを教えています。古風な性格として描かれていて、東京の二子玉川の自宅で母親と二人暮らしをしています。大学時代から付き合っていた恋人と別れてからは、恋愛そのものから遠ざかっていて、恋愛対象になりそうな人とは六年間も会話をしたことすらありませんでした。

薫子は大手出版社勤務です。男性月刊誌の編集者から書籍編集者となり、いまは人気作家を担当しています。活動的な人物として描かれていて、女子高時代には、陸上部部長でありながら文芸部にも入り、生徒会活動もしていました。しかも、成績もスポーツも学年でトップでした。

由香子はおとなしい性格として描かれています。専業主婦のかたわらに書いていた料理のブログがきっかけで本を出版し、テレビ出演もして人気の料理研究家となります。夫は食品メーカー勤務ですが、いまはオーストラリアに単身赴任しています。

満里子は、日本橋にあるデパートに入っている化粧品店の店長を務めています。自他ともに認める美人として描かれています。女王様タイプで、他の三人からは「満里子サマ」などと呼ばれることもあります。

今回の分析対象は、『ハリー・ウィンストンを探して』に出てくる三人の女性たちと、『あまからカルテット』の四人の女性たちの会話文です。先ほどと同様、友人同士の会話文をすべて取り出し、文末詞を分類していきました。分析対象とした『ハリー・ウィンストンを探して』のリー、エミー、アドリアナの会話文の数は、それぞれ七六七、七五四、六六五です。『あまからカルテット』の咲子、薫子、由香子、満里子の会話の数は、二二九、三五一、二三一、二四九でした。

では、それぞれの登場人物の①「とても女らしい文末詞」と②「まあまあ女らしい文末詞」にあてはまった割合の合計を見てみましょう。

①「とても女らしい文末詞」+②「まあまあ女らしい文末詞」の割合

(一)『ハリー・ウィンストンを探して』

リー　42・76%

エミー　４１・３８％
アドリアナ　４１・９５％

(二)『あまからカルテット』
咲子　３７・５５％
薫子　２２・２２％
由香子　３１・１７％
満里子　３０・１２％

(古川、二〇一三、二〇一七)

『ハリー・ウィンストンを探して』の三人の女性たちの数値はお互いに似ていて、四二％前後です。一番割合が大きかったリーと一番小さいエミーとの差は、たった一・三八％でした。彼女たちの生い立ち、仕事や恋愛などの状況、性格はそれぞれ違って描かれています。でも、三人が会話の中で使っている「女らしい文末詞」を使う割合はほとんど同じです。

その一方で、『あまからカルテット』の四人の数値にはばらつきが見られます。古風な性格の咲子の数値が一番大きく、三七・五五％。一番数値が小さかったのは活動的なリーダー格の薫子で、二二・二二％でした。『ハリー・ウィンストンを探して』の三人の四二％前後という数値よりもずいぶん低くなりました。そして、最大値だった咲子と最小値だった薫子の差は一五・三三％です。四人の性格描写に合わせて、言葉づかいを変えていることが分かりますね。

では、③「とても男らしい文末詞」と④「まあまあ男らしい文末詞」の割合の合計はどうだったでしょうか？　結果を見てみましょう。

③「とても男らしい文末詞」＋④「まあまあ男らしい文末詞」の割合

㈠『ハリー・ウィンストンを探して』

リー　　　　０・００％

エミー　　　０・５３％

アドリアナ　０・４５％

㈡『あまからカルテット』
咲子　10・48%
薫子　20・51%
由香子　12・55%
満里子　16・06%

（古川、二〇一三、二〇一七）

『ハリー・ウィンストンを探して』の三人は、「男らしい文末詞」をほとんど使っていません。この傾向は、先ほど見た翻訳作品の主人公の会話文でも見られましたね。その一方で、『あまからカルテット』の四人は、最大値・薫子の二〇・五一％から最小値・咲子の一〇・四八％までとばらつきがありました。その差は一〇・〇三％です。「女らしい文末詞」と同様に、四人の性格描写に合わせて「男らしい文末詞」を使う頻度を変えているようです。

役割語は翻訳の方が使われる？

この章の最初に紹介した「役割語」について、金水はこう書いています。

近年では、フィクションの中の女性が、「あら、雨だわ」のような、露骨な〈女ことば〉を用いることは逆にまれになってきた。（金水、二〇一四、八頁）

そしてこの傾向は、女性の描かれ方がより細やかになってきたためであると述べています。女性の登場人物に露骨な女ことばを使うのではなく、代わりに「あれ、雨だよ」や「おい、雨だぜ」などと役割語を使い分けることで、人物の性格を描き分けているということです。

ただし、金水は翻訳された物語ではなく、日本語で書かれた物語を念頭に置いているようです。確かに、『あまからカルテット』の四人の女性たちの「女らしい文末詞」と「男らしい文末詞」の割合を見てみると、その傾向が少しは表れているかもしれません。

しかし、これまで見てきた結果から分かる限りでは、翻訳された物語では役割語によって登場人物を描き分けているわけではないようです。あくまでも日本語で書かれた物語にのみ見られる傾向ではないかと推測できます。

日本語で書かれた物語では女性の登場人物によって言葉づかいを変えているということは、水本光美（二〇一〇）が行った、テレビドラマの脚本家へのアンケート調査でも示されています。このアンケートは、二〇〇五年一〇月から二〇〇六年六月までに、日本シナリオ作家協会会員の三一五名に対して行われた意識調査です。この調査に回答した人の年代は三〇〜八〇代、男女比はほぼ四対一でした。

結果は、回答した八〇名のうち約七〇％の人が、女性の登場人物に女らしい文末詞を使うと答えました。そして、日常的に女らしい文末詞を使う人物として挙げられていたのは、次の人たちでした。

①知的職業従事者（教師、弁護士、キャリアウーマンなど）
②中流以上の主婦（良妻賢母、セレブ妻など）
③世間知らずの箱入り娘、苦労知らずの娘

④気取った女性
⑤男性同性愛者など

さらに、全体の三分の二近くの脚本家が、「実際に話されているかどうかより、登場人物のキャラクターが伝わりやすい話し方、および状況設定に合わせた話し方を選択する」と答えたそうです。

この意識調査の結果をもとにすれば、分析した二つの作品の七人の登場人物は、全員がせりふに女ことばを使う対象に入ります。

『ハリー・ウィンストンを探して』の出版社勤務のリーと、レストランのマネジャーを務めるエミーはキャリアウーマンにあたります。一度も働いたことがないアドリアナは、苦労知らずの娘に当てはまるでしょう。

『あまからカルテット』の咲子は、自宅でピアノを教えている世間知らずの箱入り娘でしょうか。出版社で人気作家を担当する薫子と、デパートの化粧品店の店長をしている満里子は、キャリアウーマンでしょう。そして由香子は海外に単身赴任中の夫を持つ中流以上の主婦がキャリアウーマンに転身した、ということになりそうです。

けれども、女ことばを使う頻度は、翻訳された小説の女性たちと、日本語で書かれた小説の女性たちとでは、明らかな差があることが分かりました。

児童文学ではどうなる？

これまで分析してきた小説は、大人をターゲットにした物語でした。それでは、主に子どもを対象とした児童文学ではどんな結果が見られるでしょうか？　大人向けの小説との違いはあるのでしょうか？

これらの疑問について探るために、次の二つのシリーズを対象に主人公の少女のせりふを分析していきましょう。

㈠「ハリー・ポッター」シリーズの日本語訳（一〜七巻、松岡佑子訳、一九九九〜二〇〇八）

㈡『魔女の宅急便』（一〜六巻、角野栄子著、一九八五〜二〇〇九）

この二つのシリーズを比較する理由は四つあります。まずは、ともに日本で人気のある児童文学だということです。次に、出版年が近いことです。「ハリー・ポッター」シリーズの原書は一九九七年から二〇〇七年にかけて出版され、日本語版は一九九九年から二〇〇八年にかけて出版されました。一方、『魔女の宅急便』は一九八五年から二〇〇九年にかけて出版されています。そして三つ目に、主人公の少女の年齢が近いことです。「ハリー・ポッター」シリーズのハーマイオニーは一一歳〜三七歳、『魔女の宅急便』のキキは一三〜三五歳が描かれています。最後の理由は、ハーマイオニーもキキも魔女であり、キャラクター設定が似ているということです。

(一)「ハリー・ポッター」シリーズのハーマイオニー・グレンジャーは、主人公のハリー・ポッターとロン・ウィーズリーの親友です。三人は魔法学校ホグワーツへの入学許可をもらい、魔法使いになるための修業の日々が始まります。「ハリー・ポッター」シリーズは世界的な大ベストセラーとなり、八本の映画シリーズも大ヒットしました。映画版では、ハリーをダニエル・ラドクリフ、ハーマイオニーをエマ・ワトソン、ロンをルパート・グリントが演じています。

一方、(二)『魔女の宅急便』のキキは魔女の家系に生まれ、一三歳になったら独り立ちをして魔女の修業をすることが決まっていました。その一三歳を迎え、親友の黒猫ジジとほうきに乗って遠くの街に旅立ちます。そして魔女の修業を始めるのです。一九八九年に、スタジオジブリがこの物語をもとにしたアニメーション映画を発表して大ヒットし、その後、世界中で上映されました。

この分析では、ハーマイオニーについては親友のハリーとロンとの会話文を対象としました。キキの会話文は、こちらも親友である黒猫ジジとの会話から取り出しました。魔法の呪文がときどき出てきますが、これらは彼女たち自身の言葉ではないため除いています。分析の対象とした会話文は、ハーマイオニーが「ハリー・ポッター」シリーズの一～七巻までの総数で三六三〇、キキが『魔女の宅急便』の一～六巻までの総数で一三二八でした。

これまで紹介してきた分析と同じように、ハーマイオニーとキキの①「とても女らしい文末詞」と②「まあまあ女らしい文末詞」にあてはまった割合の合計を巻ごとに紹介します。

①「とても女らしい文末詞」+②「まあまあ女らしい文末詞」の割合

㈠「ハリー・ポッター」シリーズ　＊カッコ内はハーマイオニーの年齢

第一巻（一一〜一二歳）　68・94％
第二巻（一三歳）　67・01％
第三巻（一四歳）　67・13％
第四巻（一五歳）　64・51％
第五巻（一六歳）　64・47％
第六巻（一七歳）　65・20％
第七巻（一八歳と三七歳）　69・36％

(二)『魔女の宅急便』　＊カッコ内はキキの年齢

第一巻（一三歳）　57・46%

第二巻（一四歳）　48・69%

第三巻（一六歳）　47・42%

第四巻（一七歳）　53・55%

第五巻（一九〜二〇歳）　53・39%

第六巻（三五歳）　58・14%

(Furukawa 2017a)

結果は、「ハリー・ポッター」シリーズは六〇%半ばから後半、『魔女の宅急便』は四〇%後半から五〇%後半まででした。この結果からは、大人向けと同じように児童文学も、翻訳された物語の主人公の方が「女らしい文末詞」を多く使っていることが分かりました。

加えて、大人向けの物語の主人公よりも児童文学の主人公のせりふの方が、二〇%ぐらい「女らしい文末詞」を使っている割合が大きいようです。大人向けの小説では、翻訳小説の『ハリー・ウィンストンを探して』の三人の女性たちの使用率は四二％前後でした。そして、日本語の小説である『あまからカルテット』の四人は、ばらつきがありましたが二二・二二～三七・五五％でした。

さらに『魔女の宅急便』のキキは、翻訳・日本語を問わず、これまで見てきたどの大人向け小説よりも「女らしい文末詞」を使っていることも分かりました。そしてハーマイオニーの数値はそれ以上でした。

児童文学の結果でもう一つ興味深かったのは、ハーマイオニーもキキも、ほとんど「男らしい文末詞」を使っていなかったことです。データを見てみましょう。

③「とても男らしい文末詞」＋④「まあまあ男らしい文末詞」の割合

㈠「ハリー・ポッター」シリーズ　＊カッコ内はハーマイオニーの年齢

第一巻（一一～一二歳）	０・４６％
第二巻（一三歳）	０・００％
第三巻（一四歳）	０・２３％

第四巻（一五歳）　0・31%
第五巻（一六歳）　0・00%
第六巻（一七歳）　0・00%
第七巻（一八歳と三七歳）　0・00%

㈡『魔女の宅急便』　＊カッコ内はキキの年齢
第一巻（一三歳）　1・10%
第二巻（一四歳）　0・33%
第三巻（一六歳）　2・35%
第四巻（一七歳）　0・55%
第五巻（一九〜二〇歳）　0・45%
第六巻（三五歳）　0・00%
(Furukawa 2017a)

他の翻訳小説と比較をしてみましょう。これまでに見てきた結果では、③「とても男らしい文末詞」と④「まあまあ男らしい文末詞」の割合の合計が〇・〇〇％だった『ハリー・ウィンストンを探して』のリー以外は、〇・四五～二・二二％でした。この数値と比べると、「ハリー・ポッター」シリーズも『魔女の宅急便』も、同じぐらいの割合しか「男らしい文末詞」を使っていなかったということになります。

児童文学は保守的。児童文学の翻訳はもっと保守的。

児童文学には大きな特徴が二つあります（Lathey 2006／Alvstad 2019）。

一つ目は、著者と読者の関係が対等ではないということです。児童文学を書くのは、多くの場合、大人です。子どもが書く児童文学もありますが、そういったケースはごく限られます。ですから、大人が子どもに向けて書く児童文学は、著者と読者との力関係が対等ではないといえます。

そしてもう一つの特徴は、複合的な読者に向けて書かれているということです。児童文学は、子どもが自分でお金を出して買うよりも、大人が子どもに買ってあげたり、大人の図書館司書が選んだりすることが多いですよね。このことから、物語が書かれてから子どもの読者の手に届くまでには、（ときには何人かの）大人の手を介していることが多いといえます。

これらの特徴から、児童文学には「教育的な視点」が入りやすいといわれています。つまり、「子どもにはこういうことを知って欲しい」、または「子どもにはこういうことを知って欲しくない」という視点が入ってきやすい、ということです。そうすると、児童文学の著者や出版社の編集者などは、より売れる本になるように、社会の中で「これは正しい」と思われそうな内容を選んで描いたり、言葉づかいをしたりするようになります。社会の中で「正しくない」、「子どもが知るべきではない」とされるような暴力や性的な描写が避けられたり、「汚い」とされる表現が別の表現に変えられたりすることは、一つの例です。

児童文学の翻訳を考えてみると、一般的には、原書よりも翻訳されたものの方が描写や言葉づかいが保守的になるといわれています（Alvstad 2019）。これは、日本語で書かれた児童文学よりも日本語に翻訳された児童文学の方が、描写や言葉づかいが保守的になるということです。

　先ほど説明したように、児童文学には、本が書かれてから子どもの読者に届くまでに関わる人（大人）が多くなります。翻訳となればさらに多くの大人の目が入りますから、児童文学の翻訳は大人向けの文学の翻訳よりももっと保守的になる、ということがいえるのではないでしょうか？

　児童文学である「ハリー・ポッター」シリーズと『魔女の宅急便』の少女たちは、他の大人向けの翻訳小説の女性たちよりも「女らしい文末詞」を多く使い、「男らしい文末詞」をほとんど使っていませんでした。この傾向は、児童文学が保守的になりやすい傾向があることとも関係がありそうです。

　そして、ハーマイオニーの方がキキよりも「女らしい文末詞」を頻繁に使うことは、翻訳の方が保守的であることの表れかもしれません。


　ところで、児童文学とは一体、何でしょうか？　実は、児童文学の定義はさまざまあり、はっきりとは定まっていません。本書では、「子どもや若年成人に向けて書かれた絵本、小説、演劇、詩、歌、漫画など」(Alvstad 2019) として考えています。
ちなみに、児童文学の二つ目の特徴に挙げた「複合的な読者に向けて書かれている」ことには、別の要素もあります。児童文学の中には、子どもが楽しむにはちょっと難しいような言葉遊びが含まれているものがあります。物語自体が楽しいので、子どもの読者はその物語を楽しむことができます。でも、成長して言葉遊びの楽しみが理解できるようになると、子どものときには気がつかなかった面白さに、大人になってから気がつくこともあります。こんな風に幼少期と成長した後で違った楽しみ方ができるのも、児童文学の特徴です。

「すごく静かだね。」はどんな意味?

ここで、またひと息つきましょうか。あなたがもし友だちにこう言われたら、どんな意味だと解釈しますか?

「すごく静かだね。」

「そんなの、考えるまでもないし。ここが静かだという意味でしょ」。そう思った人もいるかもしれませんね。果たして、本当にそうでしょうか？

この単純な一文は、実はさまざまに解釈できます。たとえば、次の三つのシチュエーションを想像してみてください。

①あなたは普段、元気いっぱいでおしゃべりも大好き。でも、今日学校で友だちが見かけたときには、何だかいつもよりも口数が少なくて、元気がなさそうだった。それで友だちが心配して、あなたの顔をのぞきこむようにして言った。

②通学路に新しいカフェができたので、友だちを誘って一緒に行ってみた。そうしたら、オープンしたばかりなのにお客さんがほとんどいなくて閑散としていた。それで、友だちがこっそりあなたの耳元でささやいた。

③放課後、友だちと一緒に学校の近くの大きな公園に行って、最近のモヤモヤやイライラを聞いてもらっていた。おしゃべりに夢中になっていたら、いつの間にか公園

の奥まったところに来てしまった。来たことがないエリアだし、車の音も人の声も聞こえなくなって不安になり、友だちがきょろきょろしながら言った。

①から③のシチュエーションでは、全く同じ一文、「すごく静かだね。」を言われたあなたが受け取るメッセージは同じでしょうか？　それぞれのシチュエーションでは、違うメッセージが伝わってきませんか？　たとえば、それぞれの「すごく静かだね。」には、こんな意味が込められている可能性があります。

①すごく静かだね。（いつも元気なのに、今日はちょっと疲れ気味？）
②すごく静かだね。（お客さんがいないけど、味とかサービスは大丈夫？）
③すごく静かだね。（こんなところまで来ちゃって、怖くなってきたよ。）

誰かが何かを言うとき、その言葉だけでその人の意図が完全に伝わるわけではありません。わたしたちは、「すごく静かだね。」という言葉の表面に表れた意味だけでコミュニケーションを図っているわけではないのです。「すごく静かだね。」という言葉を聞いた人が、自分たちがいるシチュエーションや声のトーン、ジェスチャーや表情を手がかりに推測しながら意味をおぎなってはじめて、「すごく静かだね。」と言った人の意図が伝わるのです。これは、スペルベルとウィルソン（Sperber and Wilson 1995）が提唱した考え方です。

こう考えると、「コミュニケーションがうまくいく」ということは、聞いた人が「すごく静かだね。」という言葉の文字通りの意味を理解したときではなく、話した人がその言葉を言ったときの気持ちを推測できたときだ、ということができます。

たとえば、②では友だちがこっそりと、お店の人に聞かれないように気をつけながら、あなただけに聞こえるようにささやきました。このとき、友だちはあなたに「このカフェ、あんまりおいしくないのかも」という不安を伝えているのかもしれません。こんな風に、日常生活の中でわたしたちは「実際に言われた言葉」と「その言葉が実際に意味すること」とのギャップを埋めながら、コミュニケーションを図っているのです。

さて、①のシチュエーションで「すごく静かだね。」と言われたあなたが、友だちに次の二種類の返事をしたとします。

(一)「ちょっと今日、生理痛がひどくて。」

(二)「ちょっと今日、……。」

(一)「ちょっと今日、生理痛がひどくて。」と言われた友だちは、「ああ、そうか、生理痛でお腹が痛いのかな。それは辛《つら》そうだな」と理解することでしょう。

一方で、(二)「ちょっと今日、……。」と言われた友だちは、あなたがどんな理由で今日は静かなのか、すぐには理解できないかもしれません。もしも前日に、あなたに「生理用ナプキンを持っていたら、一個もらえない?」、または「家で親に怒られて落ち込んでる」などと言われていたら、具体的に説明されなくても、「……。」(実際の会話では、言いよどみ)の部分がある程度は推測できるかもしれません。でも、(一)「ちょっと今日、生理痛がひどくて。」と言われたときよりも、友だちは「……。」の意味を推測することが難しくなりますよね。

ただし、意味を推測するのは難しくても、「……。」の部分にもちゃんと意味があることを、友だちはきっと理解してくれることでしょう。「……。」には、あなたが直接は言いたくない何かがある、ということに気がつくはずですから。生理痛のようなプライベートなことや、親に叱られたことを知られたくないのかもしれない。または、別の理由があるのかもしれない、と。いずれにしても、あなたの表情（伏し目がちだったり、曇っていたり）や声のトーン（辛そうに小声で言った、など）と一緒に、言いよどんだ「……。」の意味も友だちには伝わっているはずです。

では、これが会話ではなく書き言葉であった場合、どうなるでしょう？

書き言葉であったとしても、「すごく静かだね。」という一文を解釈するためには、読む人が推測して意味をおぎなうことが必要になりますね。ただし、小説などを読むときには、会話にはない難しさがあります。会話であれば、ジェスチャーや声のトーン、表情などに、意味を推測するヒントが隠されています。その一方で、小説などではそういったヒントが得られないことが多いからです。

小説に(二)「ちょっと今日、……。」のせりふがあった場合、「……。」の部分は書き言葉として残ります。でも、このせりふを言ったときの表情や声のトーンをせりふの中だけで再現するのは、なかなか難しいことです。ですから、実際の会話よりも小説のせりふのほうが意味を推測するのは大変だといえます。

翻訳者が再現しようとすること

先ほど、「「コミュニケーションがうまくいく」ということは、聞いた人が「すごく静かだね。」という言葉の文字通りの意味を理解したときではなく、話した人がその言葉を言ったときの気持ちを推測できたときだ」と書きました。

この考え方は翻訳にもあてはまります。ある小説で登場人物がせりふを言ったとき、言葉そのもので表現された意味と、その人物がせりふを言った意図は、単純にイコールでつなぐことはできません。

つまり、「すごく静かだね。」の例で考えたのと同様に、翻訳をする人は単に「言葉によって何が書かれているか」ということを訳すだけではなく、「その言葉には、何がさりげなく示されているのか」ということまで訳す必要があるということです。そうすると、「さりげなく示されている」ものが曖昧であればあるほど、翻訳者はその意味を解釈して訳を作るのに苦労することになります。

文学作品には「さりげなく示されている」ものが多く含まれる傾向があります。その理由は、文学作品では作中ではあえて説明をせずに、読者に解釈をゆだねることも多いからです。そして、「さりげなく示されている」ものが多ければ多いほど、せりふを言った人の意図を探ることはより難しくなりますので、文学作品の翻訳は難易度が高いといえます。

せりふを言った人の意図を探る際に重要なヒントとなるのは、文体的な特徴です。文体とは、語彙や文法などをどう使ったかといった言語にかかわる表現方法のことです。たとえば、「すごく静かだね。」という一文は、「大変静かでございますね。」や「めっちゃ静かやな。」のような言い方もできたはずです。物語の中の登場人物がこれらのせりふを言ったと想像してみてください。「大変静かでございますね。」と言う人物と「めっちゃ静かやな。」と言う人物では、全く違うイメージが浮かんできませんか？

そしてもし、この「大変静かでございますね。」や「めっちゃ静かやな。」といったせりふを、日本語から外国語に翻訳をするとしたら、どういう訳になるでしょうか？　それぞれのキャラクター設定に合わせて、訳を変えたり工夫したりするのではないでしょうか？

また、普段は「すごく静かだね。」と言うようなキャラクターが、今回だけ「めっちゃ静かやな。」と言ったような場合、なぜ今回だけ文体を変えたのだろうと考えて、訳の中でも工夫しようとしませんか？　こんな風に、翻訳をするときには、「言葉によって何が書かれているか」と「その言葉には、何がさりげなく示されているのか」を推測しながら、翻訳の中で再現しようとします。

でも、小説の著者と翻訳者はほとんどの場合、別の人です。ですから、「言葉によって何が書かれているか」と「その言葉には、何がさりげなく示されているのか」の両方を完全に理解して、翻訳の中で再現することは、実際のところは不可能なのかもしれません。それに、もし同じ翻訳者が同じ物語を数年後に訳したとしたら、言葉の選び方は変わってくるかもしれません。

汚いとされる表現にも意味がある

ここで、一つの例を紹介しましょう。取り上げるのは、『食べられる女』(大浦暁生訳、一九九六)という小説です。

この小説は、カナダの詩人で小説家であるマーガレット・アトウッドの作品です。アトウッドはすでに詩人として有名でしたが、この『食べられる女』で小説家デビューをしました。アトウッドは多数の文学賞を受賞し、世界的に知られている作家です。代表作である『侍女の物語』は、二〇一七年にはアメリカでテレビドラマ化もされて話題になったので、知っている人もいるかもしれませんね。

『食べられる女』の原題は『*The Edible Woman*』です。一九六九年に出版されました。この物語のテーマは女性の自立です。主人公のマリアンは、カナダの大都市に住む大卒の女性です。マーケット・リサーチ会社で働きながら、自分のアイデンティティを模索しています。

この小説が書かれた一九六〇年代の北米では、「女は家庭を守るべき」という考えが主流でした。そんな時代に、マリアンは女に求められる役割に抵抗を示します。恋人のピーターは、結婚したらマリアンには家庭に入って欲しいと思っています。でも、マリアンはピーターが描く理想像を受け入れられず、プロポーズをきっかけに精神的に不安定になり、拒食症を引き起こすのです。この小説はフェミニズムを考える上でとても興味深いテーマを扱っていますが、日本語版は、現在では絶版となっています。

『*The Edible Woman*』に登場する女性たちは、ときどき「汚い」とされる表現を使います。登場人物の中では一番女らしい性格に描かれているクララ（マリアンの友人）でさえも、友人との会話ではそういう表現を使っているのです。たとえば、マリアンに元気かと聞かれたときのクララの返事はこうです。

Shitty, thanks, [...]（Atwood 1969 [2007]: 28)

クララのこのせりふを、先ほど説明した「言葉によって何が書かれているか」と「その言葉には、何がさりげなく示されているのか」の二つの観点から考えてみましょう。

まず、「言葉によって何が書かれているか」について考えてみましょう。「Shitty, thanks」の形容詞のshittyは、『リーダーズ英和辞典』には「《卑》ひでえ、いやな、くそのような／退屈な、くそおもしろくない／気分わりい、ひでえ調子の／くそまみれの」とあります。一方のthanksは、『*Oxford Dictionary of English*』によれば、「another way of saying THANK YOU（thank you の別の言い方）」ということです。つまり、そのまま日本語訳するのであれば「くそおもしろくない、ありがと」という感じでしょうか。

次に、「その言葉には、何がさりげなく示されているのか」を考えてみます。先ほども見たように、一九六〇年代のカナダ社会では性別役割分担がはっきりしており、女性は束縛され、「女らしく」するように要求されています。そんな状況の中で、物語の中の女性たちは社会が期待する「女らしくて美しい言葉」ではなく、「汚い言葉」を使っているのです。

この「汚い言葉」は、女性たちの抵抗を示しています。ですから、物語の中でクララが「Shitty, thanks」と言ったことは、その言葉の字義通りの意味以上に、大切な意味合いを読者には伝えているのです。

さあ、みなさん自身が翻訳者だと想像してみてください。友だちに元気かどうかを聞かれたクララは「Shitty, thanks」と返しました。「言葉によって何が書かれているか」と「その言葉には、何がさりげなく示されているのか」の両方を考慮して訳すとしたら、あなたの訳はどうなるでしょうか？　難しいですが、ちょっと考えてみてください。

ちなみに、『食べられる女』のクララは「元気じゃないのよ。」（三五頁）と答えています。日本語では、「Shitty」の「言葉によって何が書かれているか」と「その言葉には、何がさりげなく示されているのか」の両方の意味が消えてしまっていることになります。加えて、「元気じゃないのよ」の「のよ」は、先ほど参照したオカモトとサトウの分類では①「とても女らしい文末詞」に入ります。つまり、クララのせりふはとても女らしく変わっています。クララが「汚い」表現を使った意味合いが読者には全く伝わらないため、わたしにはとても残念に思われます。

ただしここで、一つ申し上げておきたいことがあります。これまで紹介してきた考え方（関連性理論と呼ばれます）は、ある翻訳が正しいか、それとも間違っているかを判断するためのものではありません。関連性理論は、翻訳の方向性を決める上ではとても参考になります。でも、翻訳の正誤判定に使ったり、重箱の隅をつつくような批判をしたりするためのものではありません。また、わたし自身は翻訳者ではなく、小説を翻訳した経験もないため、他の人の翻訳についてあれこれと批判をできるような立場にはないと思っています。それに、倫理的に問題がある場合などを除いては、重箱の隅をつつくようにして批判をしたところで、前向きなものは生まれないのではないかとも考えています。

ですから、ここでは「ある翻訳が良いか、悪いか」ということよりも、「関連性理論の観点から翻訳を考えると、「汚い」とされる表現にもきちんとした意味があるのだ」ということを、知っていただけたらと思います。

女性の翻訳者vs男性の翻訳者

最後は、比較㋒の「女性の翻訳者が訳した女性」と「男性の翻訳者が訳した女性」です。翻訳者の性別が、翻訳の中の女性たちの話し方に影響を与えるかどうかについて見ていきましょう。

取り上げるのはこの八作品、一四冊です。

女性翻訳家作品

㈠『エマ』（ハーディング祥子訳、一九九七）
㈡『嵐が丘』（鴻巣友季子訳、二〇〇三）
㈢『嵐が丘（上・下巻）』（河島弘美訳、二〇〇四）
㈣『ジェイン・エア（上・下巻）』（小尾芙佐訳、二〇〇六）

男性翻訳家作品

㈤『エマ（上・下巻）』（工藤政司訳、二〇〇〇）

㈥『高慢と偏見（上・下巻）』（中野康司訳、二〇〇三）
㈦『エマ（上・下巻）』（中野康司訳、二〇〇五）
㈧『嵐が丘（上・下巻）』（小野寺健訳、二〇一〇）

八作品はすべて古典作品といわれるものです。古典作品の日本語訳を対象としたのは、同じ作品にいくつかの日本語訳があるからです。翻訳者も女性と男性の両方がいるため、今回の比較には適しています。㈠〜㈣は女性の翻訳者による日本語訳、㈤〜㈧は男性の翻訳者によるものです。女性、男性それぞれの翻訳作品を、出版年が早いものから並べています。他にも日本語訳は存在しますが、日本語の変化を考えて、一九九〇年代以降のもので出版年が近いものを選んでいます。

㈠、㈤、㈦『エマ』の主人公は、南イングランドの大地主の娘であるエマです。友人の結婚相手を見つけるために、恋のキューピット役として奔走するうちに、自分の恋心に気がつく物語です。ハーディング祥子が一九九七年、工藤政司が二〇〇〇年、そして中野康司が二〇〇五年に日本語訳を出しています。

㈡、㈢、㈧『嵐が丘』は、ヨークシャーの強風が吹き荒れる「嵐が丘」に住むアンショー家の一人娘キャサリンと、孤児であるヒースクリフとの愛と憎しみの物語です。鴻巣友季子が二〇〇三年、河島弘美が二〇〇四年、そして小野寺健が二〇一〇年に日本語訳を出しました。

㈥『高慢と偏見』は、主人公のエリザベス・ベネットがハンサムでお金持ちのミスター・ダーシーと出会い、初対面の印象が悪くて反発しあうのですが、少しずつ惹《ひ》かれるようになり、やがて結婚する物語です。中野康司が二〇〇三年に日本語訳しています。

そして、㈣『ジェイン・エア』では、幼少期に両親を亡くした主人公のジェイン・エアは叔母に引き取られますが、いじめられて寄宿舎に入れられます。しかし、自立の道を切り開き、家庭教師として赴いた家の領主と恋に落ちる物語です。小尾芙佐が二〇〇六年に日本語訳を出しました。

すべての作品について、これまでと同様に親しい間柄の人との会話文を取り出して文末詞を分類しました。対象とした会話文の総数は、『エマ』のハーディング祥子訳が一

七八、工藤政司訳が一四〇、そして中野康司訳が一八二です。『嵐が丘』では、鴻巣友季子訳が七四七、河島弘美訳が六八五、そして小野寺健訳が七六七でした。そして、『高慢と偏見』の中野康司訳は二四一、『ジェイン・エア』の小尾芙佐訳は一三七でした。

では、これまでのように①「とても女らしい文末詞」と②「まあまあ女らしい文末詞」の割合の合計を出してみます。

①「とても女らしい文末詞」＋②「まあまあ女らしい文末詞」の割合

㈠『エマ』　60・68％
㈡『嵐が丘』　56・63％
㈢『嵐が丘（上・下巻）』　60・15％
㈣『ジェイン・エア（上・下巻）』　58・40％
㈤『エマ（上・下巻）』　79・28％
㈥『高慢と偏見（上・下巻）』　75・52％

㈦『エマ（上・下巻）』　64・29%
㈧『嵐が丘（上・下巻）』　68・71%
（Furukawa 2017b）

女性の翻訳者による㈠～㈣の四作品は、①「とても女らしい文末詞」と②「まあまあ女らしい文末詞」の割合の合計が五六・六三～六〇・六八%の間にあります。一方、男性の翻訳者による㈤～㈧の四作品は、それよりも高い六四・二九～七九・二八%の間にありました。これらの八作品、一四冊の分析からは、男性の翻訳者の方が「女らしい文末詞」を使う頻度が高いことが分かりました。

出版された年代を考えてみると、言葉が変化していくにつれて「女らしい文末詞」の使用率も下がっていくと予想できそうです。しかし『エマ』の結果では、一九九七年に出版されたハーディング祥子訳が一番低く、六〇・六八%でした。それに対して、二〇〇〇年に出された工藤政司訳が七九・二八%、二〇〇五年出版の中野康司訳が六四・二九%となりました。

ここで分析したような古典作品の翻訳者は大学教授などが多く、『プラダを着た悪魔』

などの現代小説の翻訳者よりも年齢が高めです。たとえば、『エマ』を翻訳した工藤政司は一九三一年生まれですし、『エマ』と『高慢と偏見』を翻訳した中野康司は一九四六年生まれです。ということは、工藤が『エマ』を翻訳したのは六九歳のときで、中野は五九歳のときに同じ『エマ』を訳したということになります。翻訳者の年齢も、言葉の選び方に関係があるのかもしれません。

女ことばについて、ここで分析した翻訳作品と同じころ、一九九五年に文化庁が行った「国語に関する世論調査」があります。言語学者の遠藤織枝が『女ことばの文化史』（一九九七）の中で紹介しているこの調査では、一六歳以上の三〇〇〇人に対して、男女の言葉の違いについてどう考えるかを聞きました。男女の言葉の違いについて「違いがない方がよい」、「自然の流れであり、やむをえない」、「違いがある方がよい」の中から一つを選ぶ設問では、「違いがある方がよい」と答えた人は、男性の方が女性よりも、そして年齢が上がれば上がるほど多いという結果が出ました。割合の大きいものから順に紹介しましょう。

①六〇代男性　52・1％
②五〇代男性　51・3％
③六〇代女性　48・7％
④五〇代女性　46・0％

この世論調査の結果と分析結果を見てみると、翻訳者の性別に加えて、年齢も結果に関係していた可能性もあります。

では、③「とても男らしい文末詞」と④「まあまあ男らしい文末詞」の割合の合計はどの程度だったのでしょうか？

③「とても男らしい文末詞」＋④「まあまあ男らしい文末詞」の割合
㈠『エマ』　0・00％
㈡『嵐が丘』　0・13％
㈢『嵐が丘（上・下巻）』　0・30％

(四)『ジェイン・エア（上・下巻）』　0・00%
(五)『エマ（上・下巻）』　0・00%
(六)『高慢と偏見（上・下巻）』　0・00%
(七)『エマ（上・下巻）』　0・00%
(八)『嵐が丘（上・下巻）』　0・26%

(Furukawa 2017b)

③「とても男らしい文末詞」と④「まあまあ男らしい文末詞」の割合の合計がゼロ以外だった作品は『嵐が丘』の翻訳のみでした。数値を見てみると、女性による翻訳二作品が〇・一三%と〇・三〇%、男性による翻訳が〇・二六%です。この結果では、男性が特に低いわけでもなさそうです。

女が女を訳すとき

翻訳者の大島かおりは「女が女を訳すとき」と題したエッセイの中で、女性の翻訳者として女性の言葉を訳すことについて、こんなことを書いています。大島は、ミヒャエル・エンデの小説『モモ』やアドリエンヌ・リッチの詩の翻訳で知られる翻訳家です。

同じ言葉であっても、男が言っているときと女が言っているときでは、訳し分けることがある。いわゆる女ことばに縛られているつもりはなくとも、身にしみついた「女らしさ」の約束ごとに無意識に引きずられて、自分の言葉の選び方を自分で規制している。この規制は、女が書いたものを訳すときには明らかにいっそう強く働く。たいていの場合、それは抑制を加え、曖昧にするというかたちを取る。耳ざわりな言葉や刺激のつよい言葉を避けて、やんわりとぼかすのだ。（大島、一九九〇、四三頁）

同じエッセイの中で、大島は「自分の言葉の選び方を自分で規制」する具体例を二つ挙げています。

たとえば、シャーロット・ブロンテの『ジェイン・エア』で、主人公の女性ジェインがせりふの中で使っている「servitude」という単語があります。この日本語訳に、字義通りの「苦役」という訳語をあてることをためらってしまうこと。そして、ジェインは女なのだからと、もっと穏やかな意味を持つ「奉仕」という言葉を使ってしまうこと。著者があえて「servitude」を使ったのは、ジェインの過酷な現実を表現するためです。それにも関わらず、その過酷な現実やジェインの苦痛をぼかすような言葉を使ってしまうことは問題だと書いています。

もう一つの例は、「われらの手に powerを」などと叫んだ場合の「power」の日本語訳についてです。女性が使った言葉として訳す場合には、「権力」では強すぎるからと、もっと柔らかく響く「力」という訳語を使おうと考えてしまうことも、翻訳者が自分を規制していると述べています。

こうやって、社会の中の「「女らしさ」の約束ごとに無意識に引きずられ」てしまう、と大島は書いています。この章で紹介してきたデータからは、翻訳者が女性であっても、翻訳の中の女性たちのせりふには「女らしい文末詞」を頻繁に使っていることが分かりました。そして、「男らしい文末詞」をほとんど使わないことも、データが教えてくれました。翻訳者が女性であったとしても、自分を規制することで女らしい話し方を翻訳の中で使い、その女らしい話し方は読者の目に触れていきます。

大島がこのエッセイを書いたのは、一九九〇年です。三〇年以上も経ったいま、わたしたちは「自分の言葉の選び方を自分で規制」することから自由になったでしょうか？いまでも、わたしたちは自分自身を規制してはいないでしょうか？

翻訳から少し離れて、日常生活について考えてみましょう。たとえばあなたが女性であれば、子どものころに「腹減った。」と言ったら、周囲の大人から「女の子なら「お腹空《す》いた。」と言いなさい。」などとたしなめられた経験はありませんか？　こんな風にたしなめられると、ひとり言では「腹減った。」と言っていても、周りに人がいるときには「お腹が空いた。」と言うようになるのではないでしょうか？　わたしたちは日常生活でも、社会が考える「正しいこと」に無意識のうちに縛られているのです。

社会が考える「正しいこと」は、「規範」と呼ばれます。この規範が、わたしたちにある状況でどのように振る舞うべきなのかを指図しています。そして、この「正しいこと」は翻訳にも影響を与えています。
大島はこんなことも書いています。

こなれた日本語訳とはすなわち、日本の文化的背景のもつ女らしさの観念に適合された訳文だ（……）。（大島、一九九〇、四三頁）

つまり、理想的だとされる女らしい言葉づかいをすることが「こなれた日本語訳」とみなされてきたということです。これが、大島自身もつい女らしい言葉を選んでしまう理由です。社会や文化のプレッシャーというものは、これほどまでに大きいのです。
翻訳学者のヘルマンス（Hermans 1996）によれば、翻訳者は社会に広まっている規範に合わせた翻訳をめざそうとします。しかし、社会の多くの人たちが何を正しいと思っているかを推測することは、簡単ではありません。そこで、翻訳者は社会の中にどんな翻訳があって、どんな翻訳が受け入れられやすいのかを、すでにある翻訳をもとに推測します。こうやって、それまで翻訳の中の女性たちに使われてきた「女らしい文末詞」

は新しい翻訳でも使われてきたのでしょう。

女ことばは作られたもの

では、なぜ女らしい文末詞が「正しいこと」になったのでしょうか？　女ことばが「社会が考える正しいこと」になった経緯を紹介していきましょう。

中村（二〇〇七、二〇一二）は、女ことばとは「作られた」ものであると指摘しています。女ことばは自然に生まれたものではありません。女性たちが実際に使っている言葉が、そのまま女ことばとして確立していったわけではないのです。その逆で、女ことばは作られた言葉でした。

中村によれば、女ことばが生まれたのは、明治時代（一八六八〜一九一二）です。この明治時代は、日本が中央集権化を進めていた時代でした。明治時代より前、江戸時代にはそれぞれの藩が一つの国のようになっていました。これらの藩を統一して中央集権化を進めるには、全国の人が理解でき、話したり書いたりできる言葉が必要になりました。また、「ひとつの国語」を決めることで、「ひとつの国家」の国民であるという意識を国民に持たせる効果も期待されました。

そこで、話し言葉にもとづいた書き言葉を作る必要が出てきたのです。これを「言文一致」と言います。「言（話し言葉）」と「文（書き言葉）」を一致させよう、ということです。その結果、日本語の標準語が作られました。

このとき、標準語は「教養のある東京人〈男子〉の言葉」、つまり、中流階級の男子の言葉をもとにしました。都の言葉ということで、東京か京都が候補に挙がりました。しかし、京都の言葉は軟弱に聞こえるため、東京の山の手の言葉が採用されたそうです。そして、この標準語から女らしさを表現するための言葉として生まれたのが、女ことばでした。

分析に使用した女らしい文末詞について、国語学者の金田一春彦（一九八八）は、明治時代に女ことばの代名詞とされるようになったと指摘しています。

当時の日本は、中央集権化と同時に工業化を進めて国力を高めようとしていました。そのために、男女の役割分担も押し進められました。そして、遠藤（一九九七）によれば、女子の義務教育は女らしく話したり、ふるまったり、国家の戦力となる男性を支えるための素養を身に付けるために行われるようになっていきました。

一八七九年には、法律によって男女共学が禁じられました。女子教育が本格的に始まったのです。一九〇三年の文部省の『尋常小学修身書』四学年用には、次の記述があるそうです。


男は家の主人となって、家業をつとめ、女は男を助けて家のせわをするものであります。しゅーしんのこころえは男も女も守らなければなりません。男はかっぱつで女はやさしくなければなりません。女を男よりおとっているものだとおもふのはまちがひであります。ただ、男のつとめと女のつとめはちがふことをおもってめいめいそのぶんをわすれんよーにせねばなりません（遠藤、一九九七、一二四頁）

ここには男女の役割分担が明記されています。学校では「女は男を助けて家のせわをする」ために、そして「やさしく」なるために、教育が行われました。

小山静子（一九九一〈一九九三〉）は、同時期に「良妻賢母」という言葉が生まれ、この「良妻賢母」が女子教育の理念となったと指摘しています。「良妻賢母」とは、夫に対しては良き妻であり、子どもに対しては賢い母であることです。

女ことばは、明治時代に形づくられた「社会が求める女らしさ」に合わせる形で生まれ、「女はこういう話し方をするべきだ」という理想のもとに広められていきました。つまり、女ことばとは、「ジェンダーに関する規範」なのです。ジェンダーは次のように定義されます。

「生物学的」に決められているとされる「セックス」である「男」と「女」のカテゴリーのどちらかに、私たちを割り振ろうとする力のこと（……）つまりは私たちを二つに分けようとする力、性に関する言語使用、つまり性に関する知のことです。
（千田・中西・青山、二〇一三〈二〇一九〉、一四頁）

そして、規範は社会が考える正しいことです。女ことばとは、言語使用によって「女」というカテゴリーに割り振り、そのカテゴリーに従うことを期待するものだといえます。

東京の山の手地域は、明治政府の支配階層が住んでいたところです。小森陽一（一九九八）は、標準語の制定とは「特権的な領域で使用されている局所的な言語」を国の代表として認めたということだ、と述べています。特権的で局所的な言語を「標準」と定めた結果、標準語以外の話し言葉や標準語の教養のない人を、「標準ではない」、つまり規範に合わないものとして見下すことにもつながりました。

現在でも、わたしが住む東北地方の方言は、ネガティブなイメージを伴って翻訳の中に登場することがあります。たとえば、わたしが二〇一八年に購入したディズニー映画の『一〇一匹わんちゃん』（DVDとBlu-rayのセット）の吹き替えでは、犬泥棒の二人が東北弁のようななまりで話しています。映画の製作は一九六一年ですが、方言の扱いには敏感になってきているはずの現在でも一般に流通しています。この事例のように、東北弁に教養のなさや粗っぽさなどのイメージをつけられていることに対して、山形県出身で宮城県在住のわたしは決していい気持ちはしません。

社会言語学では「標準語」と呼ばれるものも方言の一つとみなしますし、どの方言の間にも優劣はありません。わたしたちが、「標準語に対して方言は劣っている」、あるいは、「ある方言は他の方言よりも劣っている」と考えてしまうとしたら、それは、わたしたちの意識の問題だということになります。方言と標準語の優劣、方言同士の優劣をわたしたちの意識に植え付けた理由は、標準語の制定と無関係ではありません。

文学で使われ、一般に広がった女ことば

では、女ことばは一体、どのように広がっていったのでしょうか? 中村(二〇一二)によれば、当時、女ことばの代表とされていた「〜てよ」、「〜だわ」といった文末詞は、まず一部の女子学生が使い始めました。それを小説家が作品の中で使うようになった結果、より多くの女性たちがまねて使うようになっていきました。

当時の作家である佐藤春夫は、こう書いています。

そのころ「……てよ、……だわ」などの女の日常会話の言葉も、そのころの小説家

（誰であつたかまだよく考へてゐないが）の工夫が一般に用ゐられたもので、「わ」は古文の感投詞の「……は」から出たものであることは誰しも知つてゐる。男の言葉の語尾の「君、……給へ」なども軍記物語あたりから出たのであらうが、かういう工夫で、日常語の語尾に軟らかみや変化を与へたのも小説家の仕事であつた。はじめは小説のなかの会話をその読者の女学生や書生などが口真似したものが、後には一般の用語になつて今日の如く広まつたのだから、これ亦小説の手柄であらう。はじめはきつと変な品格のあまりないものであつたかと思ふが、慣れてみればいいところもないではない。（佐藤、一九四一〈一九九九〉、一七三頁）

中村（二〇〇七）は、佐藤が二つの重要なことを示していると述べています。一つ目は、小説家が小説の中で使う言葉は、実際に使われる言葉とは同じではないことです。「〜てよ」、「〜だわ」といった文末詞は、ある特定のグループと結び付けるための役割語として使用されたのです。そして二つ目に、文学で使われた言葉が日本語を話す女性たちに影響を与え、一部の女子学生だけではなく、より広範な女子学生や一般の人たちにも広がっていったということです。

明治時代には印刷技術が発達し、マスメディアが生まれました。この変化が、女ことばが普及する追い風になりました。一八七〇年代に活版印刷が導入され、出版メディアが生まれました。そして、新聞や雑誌、書籍や教科書などが一般に広まっていきました。新聞や雑誌に掲載された連載小説やマンガが全国で読まれることで、標準語や女ことばが、日本の隅々にまで伝わっていったとの指摘もあります（金水、二〇〇三）。

児童文学者の尾崎るみ（二〇〇七）によれば、明治二〇年代（一八八七〜）には、初等教育の就学率が五〇％に近づきました。就学率の増加に伴って、子ども向けの雑誌が次々と出版されました。そして、大人たちにもそれらの雑誌を子どもに買い与える余裕が出てきたといいます。

明治期を代表する児童文学者で、翻訳家でもある若松賤子は、教育と自立の手段について、こんなことを書いています。これは、アメリカのヴァッサー女子大学に向けて一八八七年に書かれた報告書の一部です。

女性が文筆活動によって自立することが可能になるほどには文学界はまだ発展しておりません。女性は法律で編集に携わることを禁じられていますので、新聞などに投書しようとする女性の数も比較的少ないのが現状です。（尾崎、二〇〇七、九四頁）

この当時は、女性が編集に携わることが法によって禁じられていたというのです。マスメディアの発達によって標準語や女ことばが日本中に広まっていくとき、その背景では男性の目線による編集が行われていたと推測できます。

実は、女ことばの普及には翻訳が重要な役割を果たしています。中村（二〇〇七、二〇一二）が指摘するように、作家が「〜てよ」、「〜だわ」といった文末詞を最初に使ったのは、翻訳の中だったからです。二葉亭四迷が翻訳した『あひびき』（一八八八、ツルゲーネフ著）では、農民の娘、アクリーナが「わたしにはそんな事《こと》ァ出来ないワ……」（二葉亭、一九六四〈一九八一〉、一六三頁）などと話しています。

佐藤は、「〜てよ」、「〜だわ」などの文末詞について「はじめはきつと変な品格のあまりないものであつたかと思ふが」と書いていました。「変な」「品格のあまりない」言葉を当時の先進国である西洋の少女が使ったことで、洗練された、上品で素敵な言葉とみなされるようになっていきました。その結果、一部の女子学生がまねをし、それを作家が物語に使い、やがて一般に広がっていったのです。

小説だけではありません。イノウエ（Inoue 2006）の研究では、一九〇一年から一九三三年に発行された女性誌に掲載された広告を調査した結果、化粧品などの中・上流階級の女性をターゲットとした商品の広告にも、女ことばが使われていました。

女ことばは個性を見えなくする

女ことばの歴史をたどってくると、翻訳小説の女性たちの話し方は社会が考える女らしさを映し出していることが分かりますね。この章のはじめに、わたしはこんな引用をしました。

戦後から一貫して、もっとも典型的な女ことばを話しているのは、翻訳の中の外国人女性なのである。（中村、二〇二一、一九九頁）

確かに、日本語の小説の女性たちよりも、翻訳小説の女性たちの方が、女らしい文末詞を頻繁に使っていました。そして、翻訳小説の女性たちは、現実の女性たちよりも二〜四倍弱も女らしい文末詞を使っていました。ですから、翻訳された女性たちは、「もっとも」と断言できるかどうかは分からないにしても、「典型的な女ことば」を話していることが分かりました。

では、「戦後から一貫して」の部分についてはどうでしょうか？　戦後の一九五四年から四〇年以上にわたって日本語に何度も翻訳されている『赤毛のアン』を分析したデータを紹介します。比較したのは次の三作品です。主人公であるアンの会話文を取り出し、これまでと同じ方法で分析をしました。

(一)『赤毛のアン』（村岡花子訳、一九五四）

㈡『赤毛のアン』（松本侑子訳、一九九三）
㈢『赤毛のアン』（掛川恭子訳、一九九九）

①「とても女らしい文末詞」＋②「まあまあ女らしい文末詞」の割合

㈠『赤毛のアン』	86・36％
㈡『赤毛のアン』	85・89％
㈢『赤毛のアン』	79・01％

（Furukawa 2015）

三つの作品の「女らしい文末詞」の使用率を比較してみると、一九五四年に翻訳された㈠と、一九九三年に翻訳された㈡では、〇・五％の差もありません。一九九九年に翻訳された㈢は使用率が下がりましたが、それでも、㈠よりも七・三五％低いだけです。文末詞の使用を見る限りでは、四五年を経ても、アンの話し方はほとんど変化していないことが分かります。ちなみに、「ハリー・ポッター」シリーズのハーマイオニーの数値は六〇％半ばから後半でしたから、アンはずいぶん女らしい話し方をしているといえます。

参考までに、③「とても男らしい文末詞」と④「まあまあ男らしい文末詞」の割合の合計は、すべての日本語訳でゼロでした。

現実の少女や女性たちの話し方は、この四五年の間に変化してきています。それでもなお、翻訳の中のアンは同じような話し方を保っています。アンは社会が考える女らしさを体現し続けているといえそうです。

「はじめに」の中で、わたしはこう書きました。


フェミニスト翻訳の目的の一つは、翻訳されたものに使われる言葉の中で、女性の存在を「見える化」することです。言葉の中で女性の存在を「見える化」することは、社会の中でも女性を「見える化」し、女性の声を「聞こえる化」することにつながります。

日本語への翻訳を考えたとき、翻訳の中で女ことばを使うということは、女性の存在を見えなくすることになります。なぜなら、女ことばは女性が実際に使っている言葉ではなく、社会が考える女らしさの象徴だからです。翻訳された女性たちに女ことばを使わせるということは、女性たちを社会が考える女らしさという枠に押し込めることになります。そして、一人ひとりの個性を「見えない化」してしまうのです。

ですから、女性の存在を「見える化」し、女性の声を「聞こえる化」するためには、女ことばを必要以上に使うのを避け、それぞれの登場人物の描写に合わせた言葉を使うことが大切なのではないでしょうか。

章末資料

【表1】『プラダを着た悪魔（上・下巻)』、『ハリー・ウィンストンを探して』、『ブリジット・ジョーンズの日記』、『レベッカのお買いもの日記（1～6巻)』、オカモトとサトウ、岡本の文末詞使用比較（%）

	プラダ (2006)	ハリー (2009)	ブリジット (1998)	レベッカ (2003-2011)	オカモトとサトウ (1992)		岡本 (2010)
					18-23歳	27-34歳	18-20歳
女らしい	43.07	42.76	45.22	46.36	14	24	12.3
とても女らしい	25.98	28.81	28.70	28.37	4	12	
まあまあ女らしい	17.09	13.95	16.52	17.99	10	12	
男らしい	2.22	0.00	0.87	0.73	29	14	18.9
とても男らしい	0.00	0.00	0.87	0.00	5	0	
まあまあ男らしい	2.22	0.00	0.00	0.73	24	14	
性を限定しない	54.70	57.24	53.91	52.91	57	62	68.8

(1) 対象文は『プラダを着た悪魔（上・下巻)』が582、『ハリー・ウィンストンを探して』が728、『ブリジット・ジョーンズの日記』が115、『レベッカのお買い物日記（1～6巻)』が1907、Okamoto and Sato（18-23歳）が910、Okamoto and Sato（27-34歳）が390、岡本（18-20歳）が150。
(2)『プラダを着た悪魔（上・下巻)』、『ハリー・ウィンストンを探して』、『ブリジット・ジョーンズの日記』、『レベッカのお買い物日記（1～6巻)』の表記年は、翻訳出版された年を指す。
(3) オカモトとサトウと岡本の年齢は、被験者の年齢を指す。
(4) すべて小数点第3位で四捨五入したため、合計が100.00%とならないものもある。

【表2】『ハリー・ウィストンを探して』の3人の登場人物の文末詞使用比較（%）

	リー	エミー	アドリアナ
女らしい	42.76	41.38	41.95
とても女らしい	28.81	24.14	27.97
まあまあ女らしい	13.95	17.24	13.98
男らしい	0.00	0.53	0.45
とても男らしい	0.00	0.00	0.00
まあまあ男らしい	0.00	0.53	0.45
性を限定しない	57.24	58.09	57.59

(1) 対象文はリーが767、エミーが754、アドリアナが665。
(2) すべて小数点第3位で四捨五入したため、合計が100.00%とならないものもある。

【表3】『あまからカルテット』の4人の登場人物の文末詞使用比較（%）

	咲子	薫子	由香子	満里子
女らしい	37.55	22.22	31.17	30.12
とても女らしい	18.34	7.69	13.42	16.87
まあまあ女らしい	19.21	14.53	17.75	13.25
男らしい	10.48	20.51	12.55	16.06
とても男らしい	0.44	1.42	0.43	1.20
まあまあ男らしい	10.04	19.09	12.12	14.86
性を限定しない	51.97	57.26	56.28	53.82

(1) 対象文は咲子が229、薫子が351、由香子が231、満里子が249。
(2) すべて小数点第3位で四捨五入したため、合計が100.00%とならないものもある。

【表4】「ハリー・ポッター」シリーズ（1〜7巻）のハーマイオニーの文末詞使用比較（%）

	1巻 (1999)	2巻 (2000)	3巻 (2001)	4巻 (2002)	5巻 (2004)	6巻 (2006)	7巻 (2008)
ハーマイオニーの年齢	11-12	13	14	15	16	17	18&37
女らしい	68.94	67.01	67.13	64.51	64.47	65.20	69.36
とても女らしい	50.68	41.88	46.76	45.31	46.51	47.36	48.47
まあまあ女らしい	18.26	25.13	20.37	19.20	17.96	17.84	20.89
男らしい	0.46	0.00	0.23	0.31	0.00	0.00	0.00
とても男らしい	0.46	0.00	0.23	0.00	0.00	0.00	0.00
まあまあ男らしい	0.00	0.00	0.00	0.31	0.00	0.00	0.00
性を限定しない	30.59	32.98	32.64	35.18	35.54	34.80	30.65

(1) 対象文は1巻219、2巻191、3巻432、4巻651、5巻802、6巻454、7巻881。合計で3630。
(2) 表記年は、翻訳出版された年を指す。
(3) すべて小数点第3位で四捨五入したため、合計が100.00%とならないものもある。

【表5】『魔女の宅急便』（1〜6巻）のキキの文末詞使用比較（%）

	1巻 (1985)	2巻 (1993)	3巻 (2000)	4巻 (2004)	5巻 (2007)	6巻 (2009)
キキの年齢	13	14	16	17	19-20	35
女らしい	57.46	48.69	47.42	53.55	53.39	58.14
とても女らしい	38.12	28.43	28.64	33.33	32.58	41.86
まあまあ女らしい	19.34	20.26	18.78	20.22	20.81	16.28
男らしい	1.10	0.33	2.35	0.55	0.45	0.00
とても男らしい	0.00	0.00	0.00	0.00	0.00	0.00
まあまあ男らしい	1.10	0.33	2.35	0.55	0.45	0.00
性を限定しない	41.44	50.98	50.23	45.90	46.15	41.86

(1) 対象文は1巻362、2巻306、3巻213、4巻183、5巻221、6巻43。合計で1328。
(2) 表記年は、翻訳出版された年を指す。
(3) すべて小数点第3位で四捨五入したため、合計が100.00%とならないものもある。

【表6】 古典8作品（『エマ』、『嵐が丘』、『高慢と偏見』、『ジェイン・エア』）の文末詞使用比較（%）

	エマ (1997)	嵐が丘 (2003)	嵐が丘 (2004)	ジェイン (2006)	エマ (2000)	高慢 (2003)	エマ (2005)	嵐が丘 (2010)
翻訳者	ハーディング	鴻巣	河島	小尾	工藤	中野	中野	小野寺
女らしい	60.68	56.63	60.15	58.40	79.28	75.52	64.29	68.71
とても女らしい	46.07	33.47	44.09	30.66	62.14	52.70	43.41	52.28
まあまあ女らしい	14.61	23.16	16.06	27.74	17.14	22.82	20.88	16.43
男らしい	0.00	0.13	0.30	0.00	0.00	0.00	0.00	0.26
とても男らしい	0.00	0.13	0.15	0.00	0.00	0.00	0.00	0.00
まあまあ男らしい	0.00	0.00	0.15	0.00	0.00	0.00	0.00	0.26
性を限定しない	39.33	43.24	39.56	41.61	20.71	24.48	35.71	31.03

(1) 対象文は、『エマ』のハーディング祥子訳が178、工藤政司訳が140、中野康司訳が182。『嵐が丘』の鴻巣友季子訳が747、河島弘美訳が685、小野寺健訳が767。『高慢と偏見』の中野康司訳は241、『ジェイン・エア』の小尾芙佐は137。
(2) 表記年は、翻訳出版された年を指す。
(3) すべて小数点第3位で四捨五入したため、合計が100.00%とならないものもある。

【表7】『赤毛のアン』の文末詞使用比較（%）

	村岡訳 (1954)	松本訳 (1993)	掛川訳 (1999)
女らしい	86.36	85.89	79.01
とても女らしい	62.77	58.28	50.57
まあまあ女らしい	23.59	27.61	28.44
男らしい	0.00	0.00	0.00
とても男らしい	0.00	0.00	0.00
まあまあ男らしい	0.00	0.00	0.00
性を限定しない	13.65	14.11	20.99

(1) 対象文は村岡訳が513、松本訳が489、掛川訳が524。
(2) 表記年は、翻訳出版された年を指す。
(3) すべて小数点第3位で四捨五入したため、合計が100.00%とならないものもある。

第二章　女たちのために自分たちで翻訳する

一九七〇・八〇年代に、自分でいる力をくれた翻訳があった

第一章では、社会が考える「女らしさ」が、翻訳にどう表れているかを紹介しました。でも、翻訳はいつも社会に従ってきただけではありません。ときには力強くNOを唱えて、社会に影響を与えたこともありました。この第二章では、社会が考える「女らしさ」に対して翻訳がどう抗《あらが》ってきたのかについて、一緒に見ていきましょう。

一九七〇年代と一九八〇年代に、自分を大切に生きるための勇気と力を女性たちに与えてくれた翻訳がありました。翻訳書を通して、社会が女性に対して押し付ける女らしさに抵抗する知識や情報、そして強いメッセージを伝えたのです。

女性だけが家事や育児をやらなければならないのはなぜ？　女性は本当にやりたい仕事ができないのはなぜ？　女性が新聞にインタビューされると、女ことばを使って記事

にされるのはなぜ？　女性の生殖器にはなぜ「恥」や「陰」の字が使われることが多いの？　月経は隠さないといけないの？　看護は女性だけの仕事ではないのに、「看護婦」と呼ばれるのはなぜ？　といったモヤモヤした気持ちを読者に伝える工夫をしたり、性差別的な意味が入っていない新しい言葉を作って提案したりもしました。女性たちが翻訳とどう向き合ったのかについて、これから紹介していきます。

その前に、まずはその日本語訳の原書であり、アメリカの女性たちに大きな衝撃を与えた『*Our Bodies, Ourselves*』について紹介しましょう。

女性の健康のバイブル『Our Bodies, Ourselves』

一九七〇年、アメリカの女性たちのグループ（ボストン女の健康の本集団）は、ある小冊子を発行しました。『*Women and Their Bodies*（女性と彼女たちのからだ）』と題されたこの小冊子は、女性のグループが女性たちのために編集した、女性のからだについての知見や情報、体験談を集めたものでした。

当時、フェミニストの女性たちの間には「コンシャスネス・レイジング」という活動がありました。コンシャスネス・レイジングとは、女性たちが集まって自分たちの問題について語り合いながら、自らの意識を変えていこうとするものです。

このコンシャスネス・レイジング活動で、自分たちのからだについての理解を深める中で生まれたのが、『*Women and Their Bodies*』でした。二五歳から四一歳までの一一人のシングル女性、主婦、離婚経験者、母親など、さまざまな女性たちが集まって、まずはからだについての講座を始めました。一〇回あまりの講座からネットワークを広げていき、そこで得た知識や情報、経験を本にまとめました。

今ではSNSを通して自分の悩みを相談したりできるでしょうし、電話やインターネットを使った相談窓口もあります。しかし、一九七〇年当時は女性が共通の目的を持って集まり、問題を語り合うこと自体が、革命的なことだったといいます。

この小冊子は、ざら紙に印刷されてホチキス止めされた簡素なもので、一九三頁、一部七五セントでした。初版五〇〇〇部はすぐに完売しました。翌年四月には、書名を『*Our Bodies, Ourselves*（私たちのからだ、私たち自身）』と変更し、価格を抑えるために一三六頁にして発行されました。価格は、最初は四五セントだったのが三五セントに下がり、最終的には三〇セントになりました。『*Our Bodies, Ourselves*』は合計で二二万五〇〇〇部が売れたそうです。

『*Women and Their Bodies*』も『*Our Bodies, Ourselves*』も、中絶や女性のセクシュアリティを取り上げていました。でも、一九七〇年当時のアメリカでは中絶は違法でした。ですから、これらの本は表立って売られたわけではなく、アンダーグラウンドで口コミによって広がったベストセラーでした。

一九七三年、『*Our Bodies, Ourselves*』は商業出版されました。当時の読者にはその内容が衝撃的だったようです。実際、『フェミニズム大図鑑』にはこう書かれています。

レズビアニズム、マスターベーション、中絶に関する単刀直入なアドバイスに大衆は衝撃を受けた。（マッケンほか著、最所・福井訳、二〇二〇、一五〇頁）

商業出版された本の序文には、当時、グループのメンバーが自分のからだについてどう感じていたかが書かれています。この序文は、日本語訳『からだ・私たち自身』の冒頭に収録されています。

語り合っているうちに、私たち全員が、医学や医者――とくに、恩着せがましく保護者ぶったり、審判官ぶっていて、患者に十分な情報を与えようとしない医師たちに対して、失望や怒りを感じた、という共通の経験をもっていることがわかった。同時に私たちは、いかに自分自身のからだについて無知であるか、ということにも気がついた。（ボストン女の健康の本集団編著、日本語版翻訳グループ訳、一九八八、三頁）

この気づきがあったからこそ、自分のからだのことをよく知るために、自分たちで調べ、議論したことを一冊の本にまとめました。そして、自分たちにとって本当に必要な知見や情報、体験談がこの本には集められたというわけです。

『*Our Bodies, Ourselves*』はその後、一九七六年、一九七九年、一九八四年、一九九八年、二〇一一年に改訂版が出るほどの人気で、今では「女性の健康のバイブル」とも呼ばれています。これまでに通算で約四五〇万部も売れ、世界で三〇以上の言語に翻訳されてきました。

改訂のたびに情報や知見が更新され、体験談も充実していきました。総ページ数は一九七三年版の二七五頁から、一九八四年版には六四七頁と倍以上になり、二〇〇五年版では八三二頁にまで増えています。最新の二〇一一年版は、全九二八頁でA４判サイズよりやや小ぶりの大きさ（縦二三センチ、横一九センチ弱）です。本の厚さは四・八センチもあり、手に持つとずっしりと重く、二キロ以上もあります。

わたしのからだは自分のもの。自分のからだをよく知ろう。

『*Our Bodies, Ourselves*』の一番の特徴は、「わたしのからだは自分のもの。自分のからだをよく知ろう。そして、語る言葉を見つけ、知識を共有しよう」と主張し、そのための内容を、読者に分かりやすい形で提供したことです。

一九七〇年代のアメリカでは、出産や月経、性交渉などについての本は、主に男性が

『Our Bodies, Ourselves』
（2011年刊行の最新版）

『Our Bodies, Ourselves』
（1984年刊行版）

書いていました。女性のからだについて、男性が女性に教えるという形で書かれていたのです。そして、医療用語が難しかったことなどもあり、医師と患者との間にははっきりとした力関係がありました。この状況を変えるために「女性の、女性による、女性のための」からだの本が作られたのです。

『*Our Bodies, Ourselves*』では、最新の知見や情報が提供されました。また、同性愛者、両性愛者、障がい者、更年期や老齢期など、女性たちの体験談が多数、紹介されました。体験談の中には、著者グループのメンバーの母親が寄せてくれた更年期についてのものや、同性愛の章を執筆するために作ったグループのメンバーが書いたものもあります。読者から手紙や電話で寄せられた情報も多かったことが、日本語訳『からだ・私たち自身』の冒頭には記されています。

また、女性たちの体験を重視することに加えて、個人の体験を社会問題とつなげて考えるための事例や情報も含まれていました。たとえば、一九八四年版には「The Politics of Women and Medical Care（女と医療の政治学）」や「Developing an International Awareness（国際的視野）」といった章があります。これらの章は、自分の問題を社会や政治、経済問題と関連づけて考えるためのものです。「Developing an International Awareness」の章の冒頭には、「子どもを産むかどうかを決めるのは自分か、それとも社会か」といった議論が紹介されています。

自分を大切に生きる権利は、みんなにある

『*Our Bodies, Ourselves*』のもう一つの特徴は、「セクシュアル・リプロダクティブ・ヘルス／ライツ（性と生殖に関する健康と権利、SRHR）」の考えを、一九七〇年代に提唱したことです。

「セクシュアル・リプロダクティブ・ヘルス／ライツ」とは、すべての人が持っている、性と生殖に関する健康と権利のことです。言い換えれば、だれもが自分の性を大切にしていいし、子どもを産む権利も、産まない権利も持っているということです。

この考えは「リプロダクティブ・ヘルス／ライツ（性と生殖に関する健康と権利）」の考えを基にしています。「リプロダクティブ・ヘルス」とは、女性が子どもを産むか、それとも産まないか、産むとしたらいつ、何人産むかを決める自由のことです。そして、「リプロダクティブ・ライツ」とは、こういったことをすべての個人やカップルが自ら決定でき、そのための情報や手段を得ることができる権利のことをいいます。「リプロダクティブ・ヘルス／ライツ」とは、一九九四年に行われた国際人口開発会議の後に出された「カイロ行動計画」で示された概念です。

「リプロダクティブ・ヘルス」は、決して抽象的なものでも、難しいものでもありません。ヤンソン柳沢（一九九七）はこう書いています。

リプロダクティブ・ヘルス、性と生殖に関する健康とは、抽象的な概念ではなく、生きていくなかで女性が自分を大切にすることを意味するのだとわたしは思っている。自分をよく知ること。自分のからだを自分でコントロールすること。あなた（引用者注・他の人のこと）まかせにしないこと。性の行動をともにする人間関係は自分を大切にすることの上に築かれるもの。自分を大切に生きることが、人生を豊かにする。人を愛するときの力になる。（ヤンソン柳沢、一九九七、二頁）

そして、「リプロダクティブ・ライツ」とは、性と生殖に関する健康を大切にし、その行動を自ら決められるということです。

自分が子どもを産むか産まないかについては、他の人に決めさせないということ。それはあるときには妊娠の相手である男性と対立することを意味するし、あるときは国の人口政策に対立することも意味する。国によっては宗教との対立を意味することもあるだろう。リプロダクティブ・ライツとは、国や宗教や社会慣習が子産みについて取り締まることに対して、ノーを言う権利である。（前掲、三頁）

『*Our Bodies, Ourselves*』では、一九九四年の「カイロ行動計画」よりも二〇年以上も前に、「わたしのからだはわたしのもの。自分のからだについて知ることは、自分自身について知ること。わたし自身のことは、他人ではなく自分が決める」と主張しました。当時、この考え方はとても先進的でした。

「からだ教育こそ、教育の中核だ」

先ほど紹介した一九七三年版の序文の後半には、グループのメンバーたちが発見したことが四点、挙げられています。これらの発見が『*Our Bodies, Ourselves*』に貫かれたテーマとなっています。少し長いですが、その部分をここに引用します。

「からだ学習」が、いかに大勢の女たちの解放の出発点となり得るかについて、私たちはいくつかの重要な発見をしていった。

第一の発見は、医学書や医師から知識を得たのと同じ程度に、私たち自身の体験からも学んだということだった。私たちは事実をもちより、お互いの間で学び合えることを知った。一例をあげると、科学や生物学の授業で月経ホルモンの働きを暗記したことなどはほとんど忘れてしまったが、自分たちの初経（初潮）のときの実感が、一般の本に書いてある「少女に起る正常で普遍的な現象」という感じとはほど遠く、恐ろしく、恥ずかしく、ふしぎな気がしたこと、そんな体験が女であることの感じ方に微妙な影響を与えていることなどがわかった。からだについてこんなふうに学ぶのは、機械的暗記法と大違いの、すばらしい勉強法だった。

つぎに、「からだ学習」によって私たちは、病院、クリニック、医師、医学校、看護学校、公衆衛生局、医療扶助の役所などを、以前よりも正確に批判・評価できるようになった。それは、お互いに支援し合って、それらの機関に改革を要求する、という政治的成長につながった。

第三に、「妊娠」について間違った考え方をしていたことに気付いたのも大きな収穫だった。これまで、女のからだは子を産み授乳するように作られているゆえに、女たちは望む望まないにかかわらず、母という役割の中にじわじわとおしこめられてきた。避妊や中絶の方法、それに関する法律について念入りに研究して知識を得てはじめて、私たちは、子どもを産むか産まないか、いつ産むかをコントロールすることにとり組んだ。こうした学習は私たちを、妊娠することについてのたえ間ない不安からある程度自由にしてくれた。妊娠は、私たちにふりかかるものでなく、私たちが積極的に選択し、熱心に参加するものになったのである。そしてこの選択の自由こそ、私たちが一番のぞんでいることの一つであり、この人生の広がりを、すべての女たちの手にとどくものにするための大切な手がかりなのである。

第四に、からだとは、私たちが世の中に進み出てゆくための物理的な基地なのだ、ということを発見した。自己のからだについての無知、それからくる不安・迷い・恥ずかしさは、私たちの中に自己疎外を作り出し、全人的に生きることの妨げになる。自分が肉体的に劣っていると感じ、マスメディア等がきめた理想の基準に近づきたいと、顔や体型、髪型、体臭などを変えることに全エネルギーをつぎこんでいるとしたら？　毎月体内から出る月経の血を恥ずかしいと思っているとしたら？　セックスを理解せず楽しみもせず潜在的なエネルギーをゆがめてしまっているとしたら？　正しく自分のからだを理解し受け入れることでこうした先入観から解放され、とじこめていたエネルギーを利用できるようになれば、人生にどれほどのプラスになることだろうか。

私たちは、からだ教育こそ、教育の中核だと考えている。

一九七三年三月

（ボストン女の健康の本集団編著、日本語版翻訳グループ訳、一九八八、三〜四頁）

ここに書かれていることは、現代のわたしたちにもずっしりと響く言葉です。自分のからだは生まれたときからそこにあったのに、自分に一番近いからだのことを、実はほとんど知らないのではないでしょうか？　自分のからだのことを自分で守ったり、決めたりすることができなかったり、決めることを躊躇《ちゅうちょ》してしまったりしてはいないでしょうか？　一九七三年から約五〇年後の、現代のわたしたちにとっても、「からだ教育こそ、教育の中核だ」というメッセージは自分ごととして、とても強く響いてきます。

発見の三つ目に挙げられていることは、「セクシュアル・リプロダクティブ・ヘルス

／ライツ」の考えにそのままつながっています。そして、四つ目の発見に書かれている「自分が肉体的に劣っていると感じ、マスメディア等がきめた理想の基準に近づきたいと、顔や体型、髪型、体臭などを変えることに全エネルギーをつぎこんでいる」ことは、社会が押し付けてくる「理想の女らしさ」にがんじがらめになっている、現代の女性たちの悩みや葛藤と共通してはいないでしょうか？　誰かが作った女らしさから解放され、自分のからだを「世の中に進み出てゆくための物理的な基地」として生きてゆこう。これほど潔く、強く、美しい宣言はあるでしょうか？

この本が二〇万部以上も売れたということから、この考えは著者たちの突拍子もないものというわけではなく、当時の読者にも求められていたもので、強い共感を呼んだことが分かります。

知識は、わたしたちが自分自身を生きるための力になる

もっとも、最近では女性のからだについての考え方も、一九七〇年代のアメリカや日本とは変わってきています。女性向けに書かれた女性のからだに関する本が何冊も出版

され、「自分のからだについてもっと知ろう」と伝えています。たとえば、『医者が教える 女体大全』（宋、二〇二〇）の中では、自分の性器をセルフチェックすることを勧めていたりします。実は、一九七〇年代のアメリカの女性の健康運動でも、子宮口の自己検診が勧められていました。感染症などの早期発見などにつながるためです。

最近では、子ども向けの性教育の本なども多数、出版されています。それらの本の多くには、「自分のからだは自分のものだから大切にしよう」というメッセージが込められています。

こういったメッセージは、市販されていない冊子などにも見られます。例を一つ紹介しましょう。助産師有志による団体「みやぎ助産師オンラインチームM－MOT（えむもっと）」が発行した『6歳までに伝えたい性のおはなし　はじめの一歩』（二〇二二）は、一五頁の小冊子です。この薄い小冊子の中には「からだは大切なもの」、「からだは自分のもの」と伝える文言が二か所もあり、それぞれがマーカーで強調して記されています。

(一)　まだ会話ができない赤ちゃんの頃から、おむつ替えのときには「おむつ替えるよ、きれいにしようね」おむつをかえた後には「すっきりして気持ちいいね」など、子供の目を見て声をかけながらの関わりを心がけましょう。そうすることで子どもは「あなたのからだはあなただけの大切なもの」というメッセージを受け取り、「心地よさ」や「自分のからだは大切」という実感を持つことができます。(三頁、傍線部がマーカーで強調されている)

(二)　二〜三歳くらいになったら、自分で性器を洗うことをはじめてみましょう。自分のからだを自分で洗えるようになることは、「からだは自分のもの」という実感につながるとても大切なことです。(六頁、傍線部がマーカーで強調されている)

この小冊子では、おむつを替えるときやお風呂に入るときに、赤ちゃんに「あなたのからだはあなただけの、とても大切なもの」と教えましょうと勧めています。こういったメッセージは、現在、世界で主流となっている「包括的性教育」に基づいています。

包括的性教育のことを、小冊子内ではこう定義しています。

からだの仕組みだけでなく、人との付き合い方や社会とのつながりなど、とても広い内容が含まれていて、自分やまわりの人を大切にし、ポジティブに自分らしく生きるために必要な知識を身につけることでもあります。（二頁）

しかし、一九七〇年代の日本には包括的性教育という考え方はありませんでした。そして、女性のからだをテーマにした本は全く新しいジャンルでした。『*Our Bodies, Ourselves*』の翻訳者の一人である秋山洋子は、著書『リブ私史ノート』（一九九三）の中で、女性のからだをテーマにした本を出せば、当時は「悪くすればハウツーセックス物と同列に見られかねない」状況だったと書いています。

当時の日本では、今よりもずっと女性のからだは男性のものとして見なされたり、男性の興味や欲望の対象として消費されたりしていました。自分のからだを自分のものとして捉え、自分自身を生きること。こんな当たり前のことが、今よりも当たり前ではなかった時代でした。そんな状況でしたから、『*Our Bodies, Ourselves*』を日本語に翻訳して出版すること自体が当時は大きな挑戦であり、まさしく、フェミニスト的な行動だったのです。

『*Our Bodies, Ourselves*』には、次の二冊の日本語訳があります。

㈠『女のからだ　性と愛の真実』＊以下、『女のからだ』と略します。（秋山洋子・桑原和代・山田美津子訳編、一九七四）

㈡『からだ・私たち自身』（日本語版翻訳グループ訳、一九八八）

㈠は一九七〇年に小冊子として発行された『*Women and Their Bodies*』と、一九七三年に商業出版された『*Our Bodies, Ourselves*』の翻訳版です。そして㈡は、一九八四年版『*Our Bodies, Ourselves*』の翻訳版です。

現在は二冊とも絶版ですが、この二冊は、翻訳とジェンダーの観点から考えたときに重要な翻訳書でした。なぜなら、社会が女性に対して押し付ける女らしさや、男性が理想とする女らしさに抵抗する知見や知識や情報を日本語の読者に伝えたからです。そして、女性が自分自身を生きるための勇気と力を与えてくれたからです。

知識は、わたしたちが自分の頭で考え、自分自身を生きていくための力となります。二冊の翻訳がどういうものだったのか、これから紹介していきましょう。

最初の日本語訳『女のからだ』

『女のからだ』(一九七四)は、三人の女性たちによって訳されました。翻訳者は秋山洋子、山田美津子、そして桑原和代です。「訳者あとがき」と秋山(一九九三)に書かれている内容を参考に、翻訳の経緯を紹介していきましょう。

秋山は、「ウルフの会」のメンバーでした。「ウルフの会」は、一九七〇年代初頭の「ウーマン・リブ運動」から生まれたグループです(ウーマン・リブ運動とは何かについては、この章の「『女のからだ』の時代――ウーマン・リブ」の中で説明します)。

「ウルフの会」では、機関誌「女から女たちへ」を三号発行しました。反響が一番大きかったのが第二号（特集「女性にとっての性」）で、反響を寄せた一人が山田でした。山田は秋山に、アメリカ人の友人から入手した『*Our Bodies, Ourselves*』を翻訳出版したいので一緒にやらないか、と持ち掛けてきたのです。そこに、同じく山田から声をかけられた、英語教師の桑原も加わりました。秋山は、『*Our Bodies, Ourselves*』を初めて見たときの感動を、こう記しています。

手紙といっしょに送られてきた本は、ザラ紙を週刊誌のように綴《と》じたもので、私たちが翻訳をした『二年目の報告』の原書とよく似た体裁をしていた。中を開けてみると、避妊、出産、中絶など女性にとって必要な情報がぎっしり詰まっている。イラストが豊富でわかりやすいし、女性たちの体や表情を捉えた写真は、とても新鮮で生き生きしている。これまで雑誌などで見たヌード写真とは写す側の視点によってこんなにも違うのかと思うほどだ。ちょうど私たちがウルフの会でやろうとしていたことをもっと徹底してやった本、こんな本があったらいいなあと思っていた通りの本だった。この本はぜひ日本の女たちにも紹介したい、翻訳にかかわれるな

ら自分もやりたいと私は思った。（秋山、一九九三、一五五頁）

秋山の感想からは、当時の日本で発行されていた女性のからだについての本がどんなものだったかが想像できます。男性を喜ばせるためのヌード写真と、女性のために撮った写真の違いに衝撃を受けた秋山の感動が伝わってくるようです。

こうして翻訳を決意した三人でしたが、秋山は東京、山田と桑原は松山と居住地が離れていたため、分担を決めて翻訳し、主に手紙や電話を通じて連絡を取り合いながら作業を進めました。インターネットなどはない時代でした。

訳文チェックは、医学用語や医療については医師の山田哲男、翻訳については藤枝澪子、英語はネイティブスピーカー四人に協力してもらいました。また、リブ新宿センターの人々、リブ新宿センターを拠点とした「緋文字」や他の様々なグループ、日本ペアレントクラフトなどとの情報交換や励ましも大きかったといいます。

秋山は、当時のウーマン・リブ運動についてこう書いています。

リブは運動であったが、政党や組合のような組織ではなく、小さなグループや個人の集合体であり、ひとつひとつのグループは、人と人との出合いから雪だるまのように集まって動き出していったというのが実体である。（秋山、一九九二、三〇～三一頁）

ウーマン・リブ運動と同じように、『女のからだ』の日本語版はまさに「人と人との出合いから雪だるまのように集まって動き出していった」結果、生まれたのです。

『女のからだ　性と愛の真実』（1974年刊行）

翻訳者たちは、『女のからだ』のことを『*Women and Their Bodies*』と『*Our Bodies, Ourselves*』の「翻訳版ではなく、「日本語版」」と呼んでいます。その理由は、原書二冊を再構成して一冊の日本語訳にしたからです。

再構成した理由は二つ挙げられています。一つ目は、アメリカと日本の医療制度の違いです。アメリカの制度に合わせて書かれたものを、日本の状況に合わせる必要があったためです。二つ目の理由は、ページ数を減らして価格を抑えるためです。翻訳者たちは全章を訳したいと望んでいたのですが、悩んだ末、より多くの読者を得る方を取りました。

ページ数を減らすために、編集者や原著者、翻訳者の周囲の人々の意見を参考にしつつ、本の構成は身体《からだ》のしくみや避妊、妊娠、出産などの緊急に必要だと考えられる項目を立てている旧版を、そして記述内容はより新しい情報の載っている新版を採用することにしました。また、日本の読者の実情に合わせて注や情報を補うことにしました。

更年期の章は、訳稿まで作ったにも関わらず収録できませんでした。秋山は、自分が更年期に近づくにつれてこのことを悔やむ気持ちが強くなったと書いています。

収録されなかった章のうち、同性愛に関する章は、社会評論社の季刊誌『女・エロス』第二号と第三号に掲載されました。この章は、ボストンの同性愛者グループが書いたものでした。二冊目の日本語訳の監修をした荻野美穂は、著書『女のからだ フェミニズム以後』(二〇一四)の中で、「日本の女性運動のなかでは女性同性愛について正面から論じた文献は現在にいたるまであまり多くない。そのなかでこの翻訳は、最も早い時期に出たものとして注目に値する」と評価しています。

『女のからだ』の定価は一二〇〇円でした。秋山（一九九三）は、この価格設定のおかげか「少しずつではあるが増刷を重ね、リブ関係の本としてはベストセラー」となったと述べています。わたしが持っている中古本には「一九七四年九月二日第一刷発行　一九七九年十一月十日第十三刷発行」の記載がありますので、確かによく売れたことが分かります。

書名の『女のからだ　性と愛の真実』については、翻訳者の三人は納得していませんでした。原書名は、改訂につれて『*Women and Their Bodies*』から『*Our Bodies, Ourselves*』へと変化してきました。「*Their Bodies*」から「*Our Bodies*」への変遷は、遠い存在だったからだが自分のものになったという、著者グループの女性たちの認識の変化を表しています。ですから、翻訳者たちも原書の変遷を反映させた書名を付けたいと考えたのです。候補に挙がっていたのは「私のからだ」、「体、わたしたち」、「わたし自身のからだ」などでした。

しかし、分かりやすさを優先したい出版社の意向から、最終的には『女のからだ』になりました。秋山は、書名は仕方がなかったとしても、副題「性と愛の真実」は「いまだにどうも好きになれない」と書いています。訳文チェックをした藤枝澪子も同じ考えだったようです。荻野（二〇一四）によれば、藤枝は「この週刊誌風タイトルは、当時、女性たちのあいだでは不評だった。これが男性編集者ないし出版社の意向によるものかどうかは不明である」と回想していたといいます。

『女のからだ』を出版した合同出版社は、それまでにもフェミニズムの本を出してはいました。ただ、女性のからだに関する本は全く新しいジャンルだったため、出版社にとっても『女のからだ』の出版は冒険でした。そして、当時、女性の編集者の数は限られていました。秋山によれば、「女の本誕生の陰には男性編集者の協力も欠かせなかった」という事情があったのです。

日本語版『女のからだ』の出版は、イタリア語版と並んで世界で最も早いものでした。その後、一九七五年にデンマーク語版、一九七六年にフランス語版、一九七七年にスペイン語版、一九七八年にイギリス英語版、一九八〇年にドイツ語版とスウェーデン語版、一九八一年にはギリシア語とオランダ語版が出版されています。

二冊目の日本語訳『からだ・私たち自身』

二冊目の日本語訳である『からだ・私たち自身』（一九八八）は、一九八四年版『*Our Bodies, Ourselves*』をほぼ全訳し、書名も『からだ・私たち自身』と直訳しています。

秋山（一九九三）は、自分たちができなかった全訳を実現した『からだ・私たち自身』の出版記念会が京都で行われたときには、「どうしても参加したくて新幹線に乗ってでかけていった」と書いています。

『からだ・私たち自身』は、日本で初めての女性のための専門書店、ウィメンズブックストア松香堂から出版されました。そして、松香堂の創業者である中西豊子もプロデューサーとして関わっています。『からだ・私たち自身』の日本語訳を出すことになったきっかけは、中西（二〇〇六）によれば、上野千鶴子が松香堂発行のミニコミ誌『ウィメンズ ブックス』に『*Our Bodies, Ourselves*』の書評を書いたことでした。書評の中に、次の一文があります。

『からだ・私たち自身』
（1988年刊行）

日本の女性たち自身が自分たちの手で、私たちの実情にあった「女のからだ」日本版を作ることができればどんなにいいだろう。（上野、一九八六、四頁）

上野は著者グループに直接手紙を書いて翻訳許可を得たり、版権を無料にしてもらったりと、その後も日本語版に深く関わりました。

荻野（一九八八）と中西（二〇〇六）によれば、『からだ・私たち自身』の翻訳と編集は、日本女性学研究会や松香堂のネットワークでの呼びかけに応えた人たちがボランティアで行いました。関わった女性は翻訳担当が二三名、編集担当が二五名もいました。約五〇人の女性たちが、三年もの時間を費やしました。そして、全員の協働作業であることへのこだわりから各役割は明記せず、巻末に名前を記しました。

表紙のイラストも宮迫千鶴がボランティアで引き受けたそうです。巻末に掲載された協力グループは七六団体、協力者は八四人にも上ります。団体に記載されているのは「愛知県産婦人科医会」から「みさき針灸治療室」などの診療所、「東京強姦救援センター」、「父子手帳を交付する会」、「地方に住むレズビアン」、「高木千代ジャズダンススタジオ」などで、さまざまなグループが協力したことが分かります。『からだ・私たち自身』の翻訳・編集グループが、『*Our Bodies, Ourselves*』に対してどう感じていたかが分かる記事が、『ウィメンズ　ブックス』に掲載されています。

なんといっても素晴らしいのは、女たちの体験談がとても沢山はいっていること。知らなかったことについては驚き、自分と同じだと思うとおもわずうなずいてしまう。たくさんの女たちの想いが、まるで親しい友人と語り合っているときのように伝わってきて、私たちを支えてくれるのです。何十人もの女がつくったということも、その内容も画期的な本です。（田間、一九八八、一一頁）

著者グループのメンバーたちが感じた発見、感動、そして情熱が日本語版の翻訳・編集グループにも呼応しているようです。監訳者の荻野美穂も、二〇二二年の講演で翻訳・編集に携わった約三年間の経験を振り返ってこう述べました。

自分と自分のからだとの関係がそれまでよりもずっと近いものになって、からだというものは本当に私自身なんだ、私の生き方そのものなんだ、という意識が非常に強まったことを覚えています。（荻野、二〇二二a）

荻野はさらに、『からだ・私たち自身』の翻訳・編集に関わること自体が女性たちにとってのコンシャスネス・レイジングだったと語っています。

これらの感想は、日本語版に携わった人たちだけのものではないようです。イタリア語版の翻訳に関わったAngela Migliettiも、同じようなことをインタビューで語っています。二〇〇七年のインタビュー時は九〇歳でしたが、翻訳したときのことは鮮明に覚えていたと言います（Arcara 2022）。

訳してはまた訳して、でも大変なことはなにもなかったんです！　今までの人生で一番素晴らしかったことの一つです！（……）一文を訳すごとに、なにか自分や女性についてもっと学んでいるかのようでした。（Arcara 2022：363、引用者による翻訳[*1]）

『からだ・私たち自身』がいかに読者に寄り添って書かれているかは、日本語版まえがきからも分かります。医療部分の校閲を担当した河野美代子が、日本語版へのまえがき「女から女へのメッセージ」に記したものを紹介しましょう。

河野は医師の立場から、読者が自分のからだについての知識を得ることと、自己主張することの重要性を説いています。そして、日本の女性たちも自分のからだについて知り語る必要があるが、それができないのは社会の問題だと指摘しています。さらに、男性や医療従事者にも手に取ってほしいと書く一方で、本書を読んだときに河野自身が抱いた抵抗感も正直に綴《つづ》っています。

この本は、一人でも多くの女性のみならず男性にも読んでもらいたい、そして何より、医療従事者、とくに医師たちに読んでもらいたい、と切に思います。同時に、校閲をしながら、「これを読んだら、きっとカンカンになって怒る医師がいるだろう」とも思いました。「この本は、悪意に満ち満ちている」と怒る偉い先生方の顔がチラチラと浮びました。正直言って、私自身、抵抗を覚える所は、何箇所もありました。そして、その抵抗を、じっと見つめてみたら、それは、私自身、医者を漫然と続けるうちに、いつしか身につけてしまっていた、諸々のものから来るものであったのです。良心的医師でありたいと思い続けていても、今の医療制度や社会の中で、いらだちや、疲労、そして保身…これらは常に私を被っています。私はもっと謙虚にならなければいけない。本当にそう思いました。（河野、一九八八、七〜八頁）

河野は、広島で一〇代の女性たちの性の問題に取り組んでいた産婦人科医でした。志を持って一〇代の女性たちを助けようとしていた河野ですら、内容に対して居心地の悪い思いをしたと書いているのです。これは、『からだ・私たち自身』が徹底して読者の立場で翻訳・編集された証《あかし》です。そして、医療部分の校閲を担当した河野のこの告白は、日本語訳を読む読者の信頼を得る効果もあったことでしょう。

これほどの情熱をもって編集・出版された『からだ・私たち自身』も、現在では絶版となっています。荻野（二〇二一a）によれば、出版当初は新聞に取り上げられたりしたそうですが、ベストセラーやロングセラーにはならないままに、絶版になったといいます。

荻野はその理由を二つ挙げています。まず、大手出版社の商業ベースの出版ではなかったことです。松香堂からほとんど自費出版のような形で出したため、書店にはあまり並ぶことがありませんでした。二つ目は、全訳をした本書は高価格になってしまったことです。ハードカバー版とペーパーバック版の二種類を作りましたが、ハードカバー版が一万二〇〇〇円、ペーパーバック版でも五〇〇〇円となり、とても高額でした。

『からだ・私たち自身』についてのシンポジウムで、上野（二〇二二）は出版までの困難だった道のりについて語りました。日本語版出版を考えた当初、編集・翻訳チームは、複数の出版社に打診をしたそうです。しかし、抄訳なら出してもいいという出版社や、有名人を監訳者とするなら出してもいいという出版社しかありませんでした。そこで、自分たちで全訳版を出版することにしたといいます。

同じシンポジウムで中西（二〇二二）は、初版は五〇〇〇部、版権は無料、作業はすべてボランティアであっても、売り上げは「そんなにひどい赤字にはならなかった」程度しかなかったと述べています。

（＊『からだ・私たち自身』は、認定ＮＰＯ法人ウィメンズアクションネットワークのポータルサイト上の「ミニコミ図書館」で、全編が閲覧できます。）

『Our Bodies, Ourselves』の時代――個人的なことは政治的なこと

『*Our Bodies, Ourselves*』が出版された背景には、一九世紀から続くフェミニズム運動がありました。出版当時までのフェミニズムは二つに分けられます。一八〇〇年代末ごろからの第一波フェミニズムと、一九六〇年以降の第二波フェミニズムです。

第一波フェミニズムと第二波フェミニズムを通じて関心を集めていたのは、女性の健康の問題でした。たとえば、二〇世紀初頭にマーガレット・サンガーは、女性のからだや生殖は女性自身がコントロールできるようになるべきだと主張して、産児制限を提唱しました。

日本でもほぼ同じ時期に、山川菊栄などが同様の主張をしました。女性が自分の身体について自分で決めることができるように、避妊の知識を持つことの重要性について説いたのです。こういった運動から、先ほど解説した性と生殖の健康という概念が生まれていきました。

アメリカの第二波フェミニズムには、主に二つの流れがありました。一つ目は、男女の雇用機会均等などを求めたリベラル・フェミニズムでした。そしてもう一つは、差別を生み出している既存の価値観を変えようとした、ラディカル・フェミニズムです。

二つ目のラディカル・フェミニズムは、ウィメンズ・リベレーション（女性解放）とも呼ばれます。このラディカル・フェミニズムでは、「個人的なことは政治的なこと」というスローガンを掲げました。これは、個人的な問題だと思っていたこと、たとえばドメスティック・バイオレンス（家庭内暴力、ＤＶ）や夫婦間のレイプなどは、決して個人的な問題なのではなく、それらを暴力と見なさない法律や制度に起因する問題なのだと考えました。そして、女性たちが集まって話し合うコンシャスネス・レイジングの活動を通して、女性運動が広がっていきました。女性たちは、社会における女性の地位向上と、性と生殖に関する権利を求めたのです。

『*Our Bodies, Ourselves*』が発売された前年の一九七二年は、アメリカの女性の権利の分岐点だといわれています。この年は、女性問題を扱う初の学術誌『フェミニズム研究（*Feminist Studies*）』が創刊され、避妊薬使用の権利を最高裁が認め、さらには雇用の性差別は違憲とされたからです。また、初のレイプ緊急相談センターが複数、設立されました。そして、高等教育における性差別も禁止されました。その結果、女性に多額の奨学金が支給されるようになり、女性向けの運動競技施設の基金も増額されました。

『女のからだ』の時代──ウーマン・リブ

『女のからだ』出版当時の日本のフェミニズム運動は、「ウーマン・リブ」と呼ばれました。

一九七〇年一〇月二一日、初めての女性だけのデモが新宿で行われ、田中美津が「便所からの解放」と題したちらしを配りました。この一枚のちらしの中で、女性は男性の性欲の「はけ口」としての便所にたとえられました。田中は、女にとっての生きる道は「男の遊びの対象か、または母性を示す存在」の二つしかないのだと主張したのです。これがウーマン・リブの先駆けとなり、一九七〇年は「ウーマン・リブ元年」と呼ばれるようになりました。

ウーマン・リブ運動の記事が最初に報道されたのは、同年一〇月四日の朝日新聞の東京都内版でした。この記事で、英語の「Women's Liberation」が「ウーマン・リブ」と表記されたことがきっかけとなり、「ウーマン・リブ」という表現が定着したといわれています。

翌一九七一年、田中はウーマン・リブの中心的な拠点となったリブ新宿センターを立ち上げ、同年夏には、初のウーマン・リブの合宿を開催しました。

ウーマン・リブ初期のころから議論されてきた問題は、女性の自己決定権（自分の身体のことを自分で決めること）と人工中絶についてでした。一九七二年、優生保護法の改正案が国会に提出されました。この改正案は人工中絶を実質的に禁止するものだったため、女性たちはこの「改悪」を阻止しようとしました。女性のからだは女性自身が決める権利を持つべきだと主張し、性と生殖に関する権利のためにたたかったのです。

このような日本のフェミニズム運動、ウーマン・リブはアメリカのフェミニズム運動と同時期に起っています。しかし、アメリカなどの影響を受けつつも、日本独自に発展していった運動だと捉えられています。

『女のからだ』が発行されたのは、ウーマン・リブ元年の一九七〇年から四年後の一九七四年でした。一九七四年は、和光大学や京都精華大学など、複数の大学で女性学が開設され始めた年でもありました。ちなみに、アメリカで初の女性学のコースが設立されたのは、コーネル大学の一九六九年でした。

翌一九七五年は、国連が「国際婦人年」と定めた年でした。一九七五年六月一九日から七月二日には、メキシコのメキシコシティで第一回世界女性会議が開かれ、一三三か国から約三〇〇〇人が参加しました。そして、一九七六年から一九八五年までは「国連婦人の一〇年」と定められました。また、一九七六年には、女性のセクシュアリティに関する初めての全米アンケート調査が女性によって行われ、その報告書『*The Hite Report*（ハイト・リポート）』が刊行されました。

『からだ・私たち自身』の時代――ウーマン・リブからフェミニズムへ

一九八〇年代になるとウーマン・リブの運動は落ち着き、「フェミニズム」という言葉が使われ始めました。

フェミニズム運動では、「自分のからだは自分のものであるから、自分のからだを知り、コントロールできるようになろう」という考え方が広がっていきました。そして、海外と同様に「個人的なことは政治的なこと」のスローガンとともに、自分の問題を社会や制度、法律を変えようという動きに結び付けて考えるようになりました。この時期に性と生殖の健康のことを「リプロダクティブ・ヘルス」と呼ぶようになり、女性の権利として「リプロダクティブ・ライツ」の主張が生まれました。

一九七九年一二月一八日、国連が「女性差別撤廃条約」を採択しました。翌一九八〇年の七月一四日から三〇日には、デンマークのコペンハーゲンで第二回世界女性会議が開かれました。そして一九八二年には、『からだ・私たち自身』のプロデューサーである中西豊子が日本初の女性のための専門書店、ウィメンズブックストア松香堂を京都に開きました。

しかし、一九八八年の『からだ・私たち自身』の出版当時、フェミニズムの思想が日本社会に浸透していたかは疑問が残るところです。一九八四年に第一回国際フェミニスト・ブックフェアがロンドンで開かれました。そこには、世界から二二か国、一二〇社余りが参加していましたが、日本からの参加者は松香堂の中西豊子を含めてたった二名だったと、中西自身が著書『女の本屋の物語』（二〇〇六）に書いているのですから。

そして、先ほども紹介しましたが、「リプロダクティブ・ヘルス／ライツ」がきちんと概念化されたのは一九九四年の国際人口開発会議の後でした。まだ一〇年近くも先の話だったのです。

フェミニスト翻訳の三つの具体的な方法

さて、これから『女のからだ』と『からだ・私たち自身』をフェミニスト翻訳の視点から分析してみたいと思います。フェミニスト翻訳については「はじめに」で解説しましたが、手短におさらいしておくと「翻訳によって女性を見える化・聞こえる化すること」です。フェミニスト翻訳を唱えた学者の一人であるフォン・フロトー（von Flotow 1991）は、フェミニスト翻訳の方法として次の三つを挙げました。

㈠ 補足すること
㈡ 序文や脚注で補足説明をすること
㈢ 乗っ取ること

一つ目の「補足すること」とは、原文が原文の読者に与える効果と同じものを、翻訳されたものが翻訳の読者に与えるように工夫をすることです。この方法では、翻訳の中で使われる単語や文法を工夫したり、読者に伝わりやすいように内容を追加したり、変更したりすることもできます。

一つ例を紹介します。フランスの作家ミシェル・コースは、ある試みをしました。フランス語では、男性単数形の名詞に「e」を付けると女性単数形の名詞になります。この文法法則を利用して、通常ならば女性形が用いられない名詞にあえて「e」を付けたのです。こうすることで女性の存在を目立たせました。これを英語に訳したド・ロトビニエール＝ハーウッドは、アルファベットの「e」を太字（「**e**」）にして強調しました。こうやって、英語版でも女性の存在に読者の意識を向けさせようとしました（Simon 1996）。

二つ目の「序文や脚注で補足説明をすること」とは、翻訳者自身が「まえがき」や「あとがき」を書いて、フェミニストの観点から読者にメッセージを送ることです。また、巻末などに注釈をつけることで、同じようなメッセージを送ることもできます。メッセージの内容はさまざまです。たとえば、なぜ翻訳をしたか、なぜこの本が読まれなければならないのか、この本で問題提起されていることは何か、翻訳する際に工夫したことは何か、などの説明が含まれます。

「まえがき」や「あとがき」、脚注など、本文についての情報を読者に伝える「本文以外の要素」のことを、文学理論家のジュネット（Genette 1987［2001］）は「paratext（パラテクスト）」と呼びました。パラテクストには、本のタイトルや帯のコピー、広告宣伝のコピー、書評なども含まれます。最近では、出版社のウェブサイトやSNS上で作家や編集者が本の紹介をしたり、作家が自分のSNS上で本についてのコメントを発信したりしますが、これらもパラテクストといえるでしょう。パラテクストは本文と読者の橋渡し役を担っており、読者がその本をどう読み、どんな感想を持つかにまで影響を与えます。大きな役割を果たしているのです。

翻訳者は、自分が翻訳したものに「訳者まえがき」や「訳者あとがき」などを付けることで、読者に直接語りかけることができます。翻訳者がどういう人物で、どういうきっかけで原書に出合って、なぜ翻訳をしようと思ったか、翻訳しながらどんなことを考えたか、訳すときにどう工夫したか、などについて知った読者は、本文の読み方や受け取り方も変わることでしょう。パラテクストで女性に対する偏見や差別を「見える化」すれば、読者にもその問題に興味を持ってもらうことができます。

最後の「乗っ取ること」とは、フェミニスト的なメッセージを読者に直接伝えるために、原文を改変することです。ただし、みなさんも「えっ、そんなことしていいの？」と思われたかもしれませんが、この方法では問題が起きることがあります。

たとえば、原文を書いた人はフェミニスト的なメッセージを伝えようとしてはいないのに、翻訳者が勝手にフェミニスト的なメッセージを込めてしまう場合を考えてみましょう。あなたが翻訳者だったら、これは許されると思いますか？　こういったケースでは、翻訳者としての権限がどこまでなのか、翻訳するときの改変はどこまで許されるのか、などについて考える必要があります。こういう行為は、ときには翻訳者による暴力行為ともなりかねないからです（Simon 1996）。

ですから、「乗っ取ること」は勧められる方法ではありません。でも、原文の表現に性差別的なものがあった場合、「乗っ取る」方法が選択肢になりうる場合もあります。なぜなら、もし翻訳者がその性差別的な表現をそのまま訳してしまったら、原著者の性差別的な考えを読者に伝えてしまうことになるからです。そして、性差別的な思想を読者に伝えるということは、たとえ翻訳者が性差別的な考えを持っていなくても、性差別に加担したことになってしまうからです。

たとえば、あなたが偶然、ある差別の現場を見てしまった場面を想像してみてください。あなたは、その差別行為に直接は関わっていません。でも、差別を止めさせる行動をとらずに、その場の成り行きを見守っていたとしたら……？　差別行為をした人の罪はとても重い。では、傍観者であるあなたは？　何もしなかったということは差別行為に少なからず加担してしまったことだと見なされるかもしれないのです。

同様に、翻訳者が性差別的な表現をそのまま訳すことは、その性差別的な表現を見過ごしたのと同じ行為だと見なされるかもしれません。翻訳をするのですから、差別行為の傍観者でいるよりも、介入の度合いは上がります。問題があると分かっていてもそのまま翻訳をしたら、それは性差別に加担したことになるとも考えられるのです。

実際、翻訳者のスザンヌ・ジル・レヴィンは、あるキューバ人男性の小説を翻訳したときに同じ問題に直面し、女性を差別したり侮蔑したりする表現を書き換えました(von Flotow 1997)。

もし、あなたが翻訳者の立場なら、どう対処しますか？
これは、とても難しい問題ですね。おそらく、考えられる選択肢は次の三つです。

①レヴィン同様、書き換える
②差別的表現をそのまま訳す
③差別的な箇所を訳すことを拒み、原文のまま掲載する

一つ目の選択肢の書き換えでは、翻訳者が原著者の性差別に加担することは避けられます。けれども、原著者が性差別的な思想を持っているという事実も、翻訳されたものの中では消し去られます。つまり、原著者の考え方の問題点を読者に知らせることはできなくなります。

二つ目の性差別的な表現をそのまま訳す方法は、原著者の性差別に翻訳者が加担するリスクを負うことにつながります。リスクは負いますが、原著者の性差別的な考えを読者に知らせることができます。そして、「訳者あとがき」などで説明することで、性差

別的な考え方には問題があることを「見える化」することができます。

最後の訳出を拒む方法では、原著者の性差別に翻訳者が加担するリスクを負うことは避けられます。でも、読者が原文を理解できるかどうかは分かりません。ですから、原文の意味と翻訳者が訳さなかった理由を「訳者あとがき」などではっきりと示す必要があるでしょう。ただし、翻訳者がそうしたいと考えたとしても、現実問題として、商業出版の場合などに編集者や出版社がこの方法を認めてくれるかは疑問かもしれません。

ここからは、『女のからだ』と『からだ・私たち自身』ではどんなフェミニスト翻訳の方法がとられているのかを、具体的に見ていきたいと思います。

『女のからだ』のフェミニスト翻訳の方法

ウェブサイト「Our Bodies Ourselves Today」には、一九七三年版『*Our Bodies, Ourselves*』の全文ではなく、「Preface」、「Table of Contents」、「List of Contributors」、そして「Chapter 1: Our Changing Sense of Self」の四つのデータのみが掲載されてい

ます（二〇二四年六月時点）。

『女のからだ』は、構成は一九七〇年版の『*Women and Their Bodies*』をもとにし、記述内容は一九七三年版『*Our Bodies, Ourselves*』を採用して作られましたが、原書と日本語版の内容の両方を照らし合わせて確認できる材料は「Chapter 1: Our Changing Sense of Self」に限られますので、この章の原文と日本語訳を比較しながら、フェミニスト翻訳について考えてみたいと思います。

「Chapter 1: Our Changing Sense of Self」は、『女のからだ』では「序章　わたしたちは変わってゆく」として紹介されています。ここでは一文ずつ忠実に翻訳されていますが、フェミニスト翻訳の観点から、三種類の「補足する」方法が取られたことが分かります。

①性役割を「見える化」

「補足する」の一点目は、性役割の意味を補足したことです。次に挙げる二つの文には、全く同じ英単語「limiting」が使われていますが、日本語へ翻訳した際に違う表現として訳されています。二つの訳の大きな違いは、㈠は女性の状況、㈡は男性の状況を説明していることです。

㈠ But just being wife or wife and mother and viewing our work as secondary was too limiting for us.（『*Our Bodies, Ourselves*』: 5)

しかし、ただ単に妻、あるいは妻と母であり、仕事を二次的なものだとみなすのは、わたしたちにしてみれば、あまりにも狭いワクの中に閉じ込められる思いである。
（『女のからだ』一三頁）

㈡ This should also have the effect of freeing men from the pressure of being masculine at all times—a role as equally limiting as ours has been.（『*Our Bodies, Ourselves*』: 6)

このことは［引用者注：わたしたちみんなが、完全に人間らしい人間になること］、男たちを、四六時中男らしくしていなければならないという圧力から解放する効果もあるにちがいない。男の役割もまた、女と同じように、狭く限定されてきたのだ。
（『女のからだ』一八頁）

㈠では、「狭いワクの中に閉じ込められる思い」と訳されています。その一方で、㈡では、「狭く限定されてきたのだ」となっています。どちらの日本語訳も、「制限されている」状態を示していますが、㈠では「選択肢を奪われ、自由もなく、自分の意志に反して窮屈な枠の中に閉じ込められて苦しんでいる」状態が強調されています。それに対して、㈡は字義通りに訳されています。

㈠の訳が作られた背景には、三人の翻訳者が、女性の状況がいかに制限されているかを「見える化」する意図があったと考えられます。

一九七〇年代は、第二波フェミニズムが起こっていました。この第二波フェミニズムでは、社会に対して性別役割分担の見直しと変革を求めました。この動きから「国際婦人の一〇年」(一九七六〜一九八五年)が定められ、一九七九年一二月一八日には、国連総会で「女性差別撤廃条約」が採択されました。そして、「女性差別撤廃条約」は、日本を含む世界各国の政府に性別役割分担の見直しを求めました。

社会学者の井上輝子(二〇〇九)は、「性役割」は一九七〇年代から一九八〇年代の「社会改革の合言葉」だったと指摘しています。ですから、(一)で女性の「limiting」な状況を「狭いワクの中に閉じ込められる思い」と訳したことは、性別役割分担に対する批判だったといえます。

実際、三人の翻訳者たちは、性別役割分担の不合理と不平等を実感していました。秋山(一九九二、一九九三)によれば、当時のウーマン・リブ運動の活動拠点だったリブ新宿センターに集まった女性たちは、二〇代前半のシングル女性が多かったそうです。それに対して、秋山が所属していた「ウルフの会」の平均年齢は三〇歳、フルタイムの仕事をしている人や、子育て中の母親も多かったとのことです。「ウルフの会」の活動期間は四年間でしたが、その間に三人の赤ちゃんが生まれました。秋山は自分たちの状況についてこう書いています。

リブ新宿センターに集まった若いリブたちが、エネルギーのほとんどを運動に注ぎこんだのに対して、私たちは大荷物をかかえながらの運動。しかし、女として生きてきた年月が長いだけに、抱え込んできたうらみつらみでは決して後れをとらない（……）。（秋山、一九九二、三〇頁）

『女のからだ』の奥付ページに記載されている訳者プロフィルを見ると、秋山と桑原は同年生まれ、山田も三年下です。翻訳者の三人は、同じような状況におかれていたと推測することもできます。この「うらみつらみ」を伴った実感が、この訳出方法につながったのではないでしょうか。

もう一つ、性役割を「見える化」した例があります。

(三) We needed space to do our own work or find out what work we wanted to do.
（『*Our Bodies, Ourselves*』: 5）

わたしたちには、自分自身の仕事のためのスペースが必要だったし、わたしたちは、本当にやりたい仕事をみつけ出したいと思ったのである。（『女のからだ』一三～一四頁）

ここでは、一文の中に二か所の補足が行われています。一つ目は、原文の「what work we wanted to do」に対して、「本当にやりたい仕事」と「本当に」が加えられ、意味が強調されていることです。さらに、主語が「わたしたちには」と「わたしたちは」の二回、使われています。日本語の文を書くときには、二番目の「わたしたちは」は省略した方が自然でしょう。それでも、「わたしたちには」と「わたしたちは」と、くどいほどに繰り返しています。これは、主語となっている女性たちの強い願望の表れといえるのではないでしょうか？　この訳では、女性たちが「見える化」され、女性たちの不満や願望が「聞こえる化」されています。

②女ことばを使わず、女性を「見える化」

次の「補足する」例は、女ことばを使わなかったことです。第一章で紹介したように、翻訳される女性たちは女ことばを使って話すことが多いのですが、『女のからだ』ではほとんど使われていません。

たとえば、「序章　わたしたちは変わってゆく」には、二三人の体験談が収録されています。このうち、女ことばが使われたのはたった一回です。なお、原文では体験談はすべて本文との差別化のためにイタリック体で表記されています。そのため、ここでもイタリック体のまま引用します。

(一) *I wanted to be a doctor,* [...]（『*Our Bodies, Ourselves*』: 7）

わたしは医者になりたかったの。（『女のからだ』一九頁）

この直後に掲載されている体験談も、全く同じ「I wanted to be」で始まっていますが、女ことばは使われていません。

(二) *I wanted to be an elementary school teacher,* [...] (『*Our Bodies, Ourselves*』: 7)

わたしは小学校の先生になりたかったんです。(『女のからだ』一九頁)

ここで女ことばを使わなかった背景には、翻訳者の女ことばへの反感があると推測できます。秋山は『リブ私史ノート』(一九九三)の中で、日本のウーマン・リブ運動がマスコミに最初に取り上げられたときのことを回想しています。先ほど書いたように、ウーマン・リブ運動の記事は一九七〇年一〇月四日に、朝日新聞の東京都内版に初めて掲載されました。この記事中で取材されていた数人の女性の発言が「いかにも女っぽい「よ」とか「わ」とかいう語尾でまとめられているところが鼻につく」と秋山は記しています。

第一章で説明したように、新聞記者が記事の中で女性たちに女ことばを使わせることは、社会が考える女らしさの枠に押し込めることになります。つまり、もし日本語への翻訳で女ことばを使えば、本来は多様であるはずの個性を「見えない化」してしまうことになります。ですから、『女のからだ』で女ことばを使わないで訳したことは、女性たちの個性を「見える化」する方法だったといえるでしょう。

③「わたし」を「見える化」

「補足する」方法の三つ目は、「わたし」という一人称代名詞についてです。『女のからだ』では、全編を通して、一人称代名詞がひらがなの「わたし」と表記されています。これは翻訳者の一人称でも、読者の体験談でも同様です。

漢字の「私」と比べると、ひらがなの「わたし」には女性という性を強調する効果があります。遠藤（一九九七）の指摘によれば、こういった効果が生まれる理由は、漢字と平仮名の歴史と関係があります。

漢字は、三世紀に中国から伝わったものです。そして、男性だけが使うことを許された文字で、公的な場面や公式文書のために使われていました。その一方、ひらがなは平安時代に、漢字の音から作られました。ひらがなは、主に女性が私的な場面や非公式な文書などに使っていました。漢字は「男手」、ひらがなは「女手」と呼ばれ、また、漢字は「真名」（真の名）、ひらがなは「仮名」（仮の名）とも言われていたそうです。漢字とひらがなの力関係が分かるようです。

この成り立ちの違いが、漢字の「私」とひらがなの「わたし」の印象の違いを生み出し、現代を生きるわたしたちにも伝わっているのです。『女のからだ』では、「わたし」とひらがなで表記することで、女性という性を強調し、女性同士の仲間意識（連帯、シスターフッド）を生み出すことをめざしたと考えられます。

ところで、ひらがな表記の「わたし」は、当時のウーマン・リブ運動ではどの程度、使われていたのでしょうか？

一九六九年から一九八二年までに発行されたミニコミ誌を集めた本が、三冊あります。

これらの本『資料日本ウーマン・リブ史Ⅰ・Ⅱ・Ⅲ』（一九九二、一九九四、一九九五）の目次を使って調査をしてみました。目次の中で漢字の「私」とひらがなの「わたし」が何回ずつ使われているかを調べた結果、「私／私達／私たち」の使用数は三一回、「わたし／わたしたち」は七回でした（見出しの総数は七六五本）。この結果を一つの指標とすれば、当時のウーマン・リブ活動では、ひらがなの「わたし」よりも漢字の「私」の方がよく使われていたようです。つまり、「わたし」とひらがなで表記することは、『女のからだ』をフェミニスト翻訳するための一つの特別な方法だったとみなすことができるでしょう。

ラディカル・フェミニズムでは、「個人的なことは政治的なこと」をスローガンとしていました。歴史的に見て、私的な場面でしか使われてこなかった「わたし」を公的な場面で使うことは、私的なものを公的な場面に持ち出して「個人的なことは政治的なこと」を体現した方法だったといえるかもしれません。

（＊『資料日本ウーマン・リブ史Ⅰ・Ⅱ・Ⅲ』も、認定ＮＰＯ法人ウィメンズアクションネットワークのポータルサイト上の「ミニコミ図書館」で、全編が閲覧できます。）

④序文や脚注で翻訳者と著者を「聞こえる化」

次に、序文などでの補足説明について見てみましょう。『女のからだ』に追加されたのは次の四つです。㈠〜㈢は翻訳者が書いたもの、そして㈣は原著者のグループが日本語版に寄せたものです。

㈠ 日本語版まえがき
㈡ 医療とわたしたち─訳者グループ
㈢ 訳者あとがき
㈣ 日本のみなさんへ

「日本語版まえがき」では、『*Our Bodies, Ourselves*』が誰によって、なぜ書かれたかなどについて具体的に説明されています。そして、『*Our Bodies, Ourselves*』の重要性と日本語版を出版する意義が強調されています。

「医療とわたしたち―訳者グループ」には、翻訳者が日本の読者に知っておいて欲しいことがまとめられています。日本とアメリカの医療制度の共通点と相違点も説明され、読者が自分のからだと能動的に向き合って、医療を受けることが大切だと述べられています。

「訳者あとがき」では、翻訳者がどういう人たちなのか、どういう経緯で翻訳をすることになったのか、さらに翻訳の方略などについて説明されています。ここでは、三人の翻訳者についての個人的な情報もつまびらかにされています。たとえば、山田は学生時代から性教育について調査をしており、卒業後の避妊や出産の体験から性についての正しい知識の必要性を強く感じていたこと。秋山は、「ウルフの会」の活動がきっかけで女性のからだについて学びたいと考えるようになったこと。桑原は大学で英語を学び、自動車輸出業に関わったのちに松山で英語教師を始めたこと。「ウルフの会」の機関誌が何人かの女性を介して山田の手元に届いたこと……。

これらの翻訳者についての情報は、読者に翻訳者の姿を具体的に、実体を伴って伝えることにつながっています。どんな人が、どんな想いでこの日本語版を作ったのかが鮮明なイメージとして読者に伝われば、読者はより強い思い入れを持って読むことができるでしょう。翻訳に協力してくれた人々も、名前を挙げて紹介しています。そして、翻訳者たちがこの本を日本語訳ではなく「日本語版」と呼んでいる理由や、本の構成を決めるまでの議論もすべて説明されています。「訳者あとがき」の最後はこう締めくくられます。

この本が日本の女たちの活動に励みを与え、日本固有の諸問題にとりくめる一つの踏み台になれば、原著者たちにとっても、訳者たちにとっても、この上ない喜びである。この本が起こした波紋が、どんな形で日本の女たちの中に広がってゆくのか、それがどういう形で訳者たちにはね返ってくるのか、期待と、いささかの恐れを抱きながら、この本を日本の女たち―そして、心ある男たちにも―の前に届けたい。
（秋山・桑原・山田、一九七四a、三四六頁）

翻訳者たちは「日本語版まえがき」、「医療とわたしたち―訳者グループ」、「訳者あとがき」を通して直接、読者に語りかけています。これらのパラテクストでは、彼女たちは「見える化」され、その声は「聞こえる化」されているのです。『女のからだ』の巻頭に追加された「日本のみなさんへ」は、著者グループであるボストン「女の健康の本」集団が、日本語版のために執筆したメッセージです。

わたしたちの本が、日本のみなさんに読まれ、みなさんのものになることを、うれしく思います。わたしたち女は、ちがった国に住み、ちがった国語を話してはいますが、女としてのわたしたちの経験や欲求には、同じものが、ひじょうにたくさんあります。はじめ、わたしたちがこの本を書いているとき、この本が、世界中の多くの地域にいる、すべての年代の女たち、ならびに、わたしたちの経験や気持ちを知ることに関心をもつ男たちにとっても、役に立つものであることを期待しました。その期待がいまかなえられようとしているのです。こんなうれしいことはありません。（ボストン「女の健康の本」集団著、秋山・桑原・山田訳編、一九七四、i頁）

こう始まる二頁のメッセージには、日本の女性に対する励ましと、アメリカと日本の協働によってこの本が生まれたことへの喜びと期待が込められています。「日本のみなさんへ」の文末には、「Wilma, Nancy, Joan, Wendy, Judy, Pam, Jane, Paula, Esther, Ruth, Norma」と一一名の名前も記されており、著者たちも読者に「見える化」され、その声が「聞こえる化」されています。

『女のからだ』には訳注も多く、その数は全部で五八です。中でも、「日本におけるピル」は一頁以上、「基礎体温」はほぼ一頁にわたって書かれています。他には「コンドームを手に入れるには」、「日本における中絶」、「流産」などもあり、具体的な情報が読者に提供されています。これらの訳注からは、翻訳者たちが決めた「緊急必要度が高い情報を優先的に提供する」という編集姿勢がうかがえます。

すぐに役立つ情報を提供する一方で、翻訳者の強い想いが伝わってくる訳注もあります。たとえば、「外生殖器」についての訳注にはこう記されています。

生殖器をあらわす日本語には、ほとんど恥とか陰とかいう字を用いなければならないことは、訳者としてまことに不本意である。（ボストン「女の健康の本」集団著、秋山・桑原・山田訳編、一九七四、三六頁）

これは、言葉とジェンダーに関する重要な指摘です。女性の生殖器には、「恥」や「陰」という漢字が使われるものが多くあります。「恥」や「陰」という文字でしか表現できない生殖器は、わたしたちに生殖器は恥ずかしいもので、陰に隠しておくべきものだと教えているようです。そして、こういう言葉を使い続けることで、生殖器にはネガティブなイメージが付きまとうことになります。

ここで表明された翻訳者たちの問題意識は、この後に紹介する『からだ・私たち自身』の翻訳・編集グループにも引き継がれています。次は、『からだ・私たち自身』がどのように翻訳されたのかについて見ていきましょう。

『からだ・私たち自身』のフェミニスト翻訳の方法

『からだ・私たち自身』でも、さまざまな補足によって原文の読者が得たものと同じ効果を翻訳の読者にも伝えようとしました。

中西（二〇〇六）によれば、日本の最新の情報を入れるために、まずは章ごとに編集チームを作って調査をしました。そして、治療方法や薬の名前などが日本とアメリカで違う場合には、医師や薬剤師などの専門家にも確認をした上で掲載しました。

たとえば、「第一四章　性感染症」には、日本語版で独自に調べたエイズに関する情報がコラム的に二頁ほど、挿入されています。これは、原書が出版されたときにはエイズはアメリカではまだ問題になっておらず、記載がなかったために日本語版に追加されたものです。他にも、中絶や患者の権利などについての情報が加えられており、日本語版に追加されたコラムは合計で三〇もありました。

また、全国の産婦人科や助産院の情報を独自に調査し、巻末に三〇頁にわたって掲載しました。こういったアンケートは、日本で初めて行われたそうです。回答があった一八〇の診療所と二九の助産院の情報を、見やすいように一覧表にしました。さらに、日本で女性のために活動しているグループを紹介したり、日本語版が独自に作った参考文献リストを掲載したりもしています。参考文献は一九一冊も紹介されています。

加えて、マイノリティの当事者の声も多数、紹介されました。たとえば、「第一一章セクシャリティ」の中には、「女性障害者と性―日本の場合―」というコラムが追加されています。ここには二人の体験談が掲載され、女性の障がい者が直面する問題、サポートグループや書籍が紹介されています。また、「第一〇章　女を愛する―レズビアンとの生活と関係」では、本文の最後に「日本のレズビアンたち」という項目が追加されました。ここには日本人二人の体験談のほか、日本のグループや合宿などが紹介されています。

さらに、言葉とジェンダーの観点からいえば、『からだ・私たち自身』では三つの画期的な試みがなされました。まず一つ目の試みは、女性器名称の新しい呼び方を提案したこと、二つ目は、月経を恥ずかしがる必要はないと示したこと、そして最後に、看護は女性だけではなく人間の仕事であると明言したことです。一つずつ紹介していきましよう。

（＊最近では、「セクシャリティ」は「セクシュアリティ」、「障害者」は害の字を避けて「障がい者」や「障碍者」、「レズビアン」は「女性同性愛者」と表記されます。しかし、『からだ・私たち自身』から引用したものは、当時の表記にしたがっています。）

①女性器名称のネガティブ表現をなくす

『女のからだ』の訳注で問題提起がされているように、女性器の名称を日本語に訳そうとすると、「陰」や「恥」という漢字を使うしか方法がありません。その結果、女性器にはネガティブなイメージが付きまとってしまいます（男性器にもそのような表現がありますね）。『からだ・私たち自身』では、この問題を「見える化」し、新しい用語を提案しました。この方法は、フェミニスト翻訳の「補足する」方法といえます。その理由は、原文の読者が得たものと同じ効果、つまり「陰」や「恥」のネガティブなイメージがない意味を日本語訳でめざしたからです。

説明しています。

監訳者の荻野美穂は、まえがき「日本語版発刊にあたって」の中でこの試みについて説明しています。

この日本版は原著のほぼ忠実な全訳ですが、いくつか日本版独自の工夫をこらしました。

まず第一に、ことばの問題があります。日本では性器を表わす語には「陰」や「恥」の字がつきもので、そのため性や性器は汚ない恥ずかしいものという否定的なイメージが助長されていることを、私たちはかねがね遺憾に思ってきました。そこでこの本では思いきって、陰唇→性唇、外陰・内陰→外性器・内性器、恥毛→性毛、恥骨→性骨、恥丘→性丘と言いかえ、従来の用語は（　）に入れて示すという方法をとりました。（ただし「会陰」だけはよりよい表現が見つからなかったので、今回はそのまま残しています。）私たちは、必ずしもこれらの表現がベストで最終的なものと考えているわけではありませんが、女自身にとってどのような性器用語が好ましく、使いやすいかを今後考えていくうえで、この試みが一つのたたき台とし

て役立てばと期待しています。（荻野、一九八八、八頁）

このまえがきでは、日本語の女性器の名称にまつわる問題が示されています。そして、問題を解決するために新しい名称を提案したこと、これらの名称をたたき台として議論が広がって欲しいと期待していることを、荻野は読者に語りかけています。

男性器にも、陰毛、恥毛、陰嚢《いんのう》といった名称はあります。しかし、女性器の方が「陰」や「恥」を使うことが圧倒的に多いのです。この漢字表記には、中国語の影響も考えられます。中国語では、易学にもとづいてペニスは「陽具」、ヴァギナは「陰道」と表記されるそうです。この陰陽思想に影響を受けて、男性器よりも女性器の方が陰にまつわる表記が多いのかもしれません。しかし、「性や性器は汚ない恥ずかしいものという否定的なイメージが助長されていること」が特に女性の性や性器にあてはまることは、考えてみる必要があるのではないでしょうか？

二〇二二年に、わたしは荻野美穂氏にメールでのインタビューを行いました。当時の新型コロナ感染症の状況にかんがみて、オンライン、またはメールによるインタビューをお願いできないかと七つの質問を書いた文書とともに手紙を出したところ、「三〇年以上前のことで細かいことはあまり記憶にないので、十分なお答えにはならないと思いますが」（二〇二二b）と断りつつも、メールで回答を寄せてくださいました。

荻野氏あての手紙は住所が分かった松香堂に送り、中西豊子氏に転送をお願いしたところ、すぐに転送をしてくださいました。そのときの七つの回答のうちの六つを、全文紹介します。

＊　＊　＊　＊　＊

①新しい女性器名称を提案しようと思ったきっかけは？

荻野：新しい女性器名称を提案しようと思ったのは、皆でわいわい編集方針などを話している中で、誰からともなく、「陰」や「恥」の字ばっかりで、いかにも汚そうな暗い感じがするのはいやね、何か他の言い方を考えよう、ということになったと思います。

②「性唇」、「外性器・内性器」、「性毛」、「性骨」、「性丘」などの名称が生まれた経緯は？

荻野：でも、皆でいざ考えてみてもなかなか良い漢字が浮かばず、結局無難な「性」を使うことにしました。

＊　＊　＊　＊　＊

この回答から、新しい女性器の名称を提案することも、「性」という漢字を使うことについても、翻訳と編集に関わった女性たちの話し合いで決められたことが分かります。荻野（二〇二一a）は講演の中で、『からだ・私たち自身』の翻訳・編集に関わること自体が女性たちにとってのコンシャスネス・レイジングだったと語っていますが、こういった話し合いの中で女性たちが個人的な問題や社会問題について語り合い、解決策を探っていった様子がうかがえます。

『からだ・私たち自身』の中では、新しい用語と従来の表現を「外性器（外陰部）」のように併記しました。この表記の仕方は、新しく提案された名称にはなじみのない読者が読みながら混乱することを避けるためだったのでしょう。

この方法には、実はもう一つの利点があります。それは、従来の表現の問題点を「見える化」できるということです。ネガティブなイメージがついていない名称とネガティブなイメージを持つ名称が並ぶことで、「陰」や「恥」の問題点が浮かびあがってくるのです。

『*Our Bodies, Ourselves*』最新版の二〇一一年版を読むと、『からだ・私たち自身』の試みの影響から「性毛」の項目を取り入れた辞書も出てきたこと、近年では、女性のからだについての用語は「陰」や「恥」といった漢字を避けて、カタカナで表記されるようになってきたことが紹介されています。

では、『からだ・私たち自身』で提案された新しい名称は、どれだけ定着してきたのでしょうか？「性毛」の項目があるかどうか、辞典を調査してみました。その結果、「性毛」の項目があったのは、『広辞苑　第七版』（二〇一八）、『大辞泉　第二版』（二〇一二)、『大辞林　第三版』(二〇〇六)、『大辞林　第四版』(二〇一九)でした。大きな辞典には「性毛」の項目が含まれていましたが、一般的な辞書である『三省堂国語辞典　第八版』(二〇二二)と『新明解国語辞典　第八版』(二〇二〇)には記載がありませんでした。

他の性器名称はどうでしょうか？　次に挙げる三冊の医学書を調べてみました。

㈠『家庭の医学』(主婦の友編、二〇一八)
㈡『新版　家庭医学大辞典』(小学館・ホームメディカ編集委員会編、二〇〇八〈二〇一五〉)
㈢『ぜんぶわかる人体解剖図』(坂井・橋本、二〇二〇)

㈠と㈡は一般家庭向けの医学書です。一方、㈢は医学関係の学生向けの本です。対象読者は違いますが、すべての本の帯コピーが次のように信頼性と累積部数の多さをうたっています。ですから、この三冊は広く流通している医学書といえます。

㈠『家庭の医学』
「創業一〇一年の実績と一二五万部の信頼」
㈡『新版　家庭医学大辞典』
「安心と信頼のブランドのロングセラー」
「累計一〇〇万部！」
「二〇年の実績に基づいた、見やすくて引きやすいつくり」
㈢『ぜんぶわかる人体解剖図』
「シリーズ累計一一〇万部突破!!」
「多くの医学部、看護学校で教科書として採用されています!!」

調査の結果、「恥骨」、「恥丘」、「陰唇」、「恥毛」などは従来の表記が一般的でした。しかし、「外性器・内性器」の新表記は、一般家庭向けの医学書である㈠と㈡では定着してきたようです。

たとえば、㈠では「女性性器は、（……）体の外から観察できる外性器と、骨盤内にある内性器に分けられます。外性器は、（……）外陰部《がいいんぶ》ともいいます」との記述があり、外性器が主な表記として使われています。一方で、医療関係の学生向けの㈢には、「外《がい》陰部《いんぶ》（外生殖器《がいせいしょくき》）」とあり、「外陰部」の表記が優先されていました。

この用語の変化について、荻野氏は当時を振り返り、わたしの質問に回答してくださっています。

＊　＊　＊　＊　＊

③「外性器・内性器」が医学書で使われるようになり、「性毛」が辞典に採用されたことについてどう思いますか？

荻野：「外性器・内性器」が比較的一般化してきたのは、良い傾向だと思います。「性毛」の方はそれよりは使用頻度が少ないですが、必ずしも『からだ・私たち自身』出版後に初めて使われるようになった語とも断定できないので、いずれの語についても、同書の影響によるものかどうかはわからない、というのが正直なところです。

④ 現在でも女性器名称に「陰」「恥」が使われることについてどう思いますか？

荻野：とくに医学用語としては制度的に定着している部分があるので、医学界内部から変革が提唱されないかぎり、なかなか変えるのは難しいと思います。「素人」の側があれこれ自由に代案を考えてみて、医学界に刺激を与える、という可能性があればよいのですが。

＊＊＊＊＊

いまでも、女性器の名称には「陰」や「恥」の文字が使われています。しかし、保健の教科書での改革なども行われていますし、最近では、性教育にたずさわる人たちの提言などもあります。『からだ・私たち自身』が試みたことを未来にもつなげていくために、第三章でこの点についてさらに考えていきます。

②月経は恥ずかしくない。隠さなくていい。

二つ目の方法は、「生理」を「月経」と表記したことです。みなさんの中にはこれらの言葉のニュアンスの違いが分かりにくい人もいるかもしれませんが、「生理」と「月経」のどちらがより「口に出しづらいか」を考えていただければと思います。生理よりも月経のほうが直接的な感じがしませんか？　これも、言葉からネガティブなイメージを取り払い、日本語の読者にそのままの意味を伝えようとした試みといえます。まえがき「日本語版発刊にあたって」の中で、荻野はこう説明しています。

女性のための医学書においてさえとかく「生理」とあいまいにぼかされがちな「月経」は、はっきり「月経」と書きました。女自身が自分のからだをありのままに受け入れ、こそこそ隠したりせずに率直に表現していくことこそ、からだ、すなわち私たち自身の解放への第一歩だと考えたからです。（荻野、一九八八、八頁）

この翻訳方法についても、荻野氏は答えてくださっています。

＊＊＊＊

⑤「生理」の代わりに「月経」を採用した意図と経緯は？

荻野：「生理」というのは月経に限らず、もっと幅広い意味を持つことばなのに、月経の婉曲《えんきょく》表現として使われているのは、月経という現象がいかにも汚く、隠すべきものと考えられているからだと思いました。でも、月経は女性の身体にとって重要な現象で、きちんと知って対処していくことが必要です。なので、隠さず、恥ずかしがらずに話していこうというメッセージをこめて、「月経」という語を使うことにしました。これは、わりと私が主張したような記憶があります。

＊＊＊＊

『明鏡国語辞典』によれば、「生理」とは「生きて活動する生物体に生じる諸現象や、生命を維持するための諸機能。また、その原理。」です。生理は月経を含む、あらゆる諸現象や諸機能を指しています。つまり「生理」とは、月経に包装紙をかけて中身が見えないようにするための用語なのです。それはまるで、スーパーやドラッグストアで生理用ナプキンを買うと、支払いのときに店員さんがナプキンを紙袋に入れて隠すようなものです。女性器を持つ人に生じる現象は隠さなければといわんばかりに。直接的な表現である「月経」を使うことは、その現象を「見える化」し、こそこそと隠さなければならないものではないと社会に認知させることにつながります。

先ほど調査した医学書を確認したところ、すべての本で「月経」と表記されていました。しかし、日常生活では、現在でも「生理」とあいまいに表現されることがあります。ただし、月経に対する受け止め方が変わってきたことを示すような事例も、少しずつ増えてきました。

たとえば、マンガ『生理ちゃん』（小山、二〇一八ほか）があります。このマンガは、男性の作家が月経をテーマに描いたものです。男性が月経についてのマンガを書くこと、そして月経が主人公になるマンガが存在することは、大きな変化です。この物語では月経が擬人化され、ゆるキャラのような見た目で登場します。女性の登場人物に月経が来そうになると、生理ちゃんが登場して月経の到来を知らせるのです。『生理ちゃん』は、二〇一九年に手塚治虫文化賞短編賞を受賞し、同年、二階堂ふみが主演した映画も公開されました。

また、「朝日新聞」(半田、二〇一九)には、大阪のデパート、大丸梅田店で女性従業員に生理中であることを示す「生理バッジ」着用を呼びかけたとの記事が掲載されました。議論の末にバッジ着用は取りやめになったとのことですが、こういう試みがあったこと自体が、タブー視されてきた月経に対する社会の考え方が変化してきたことを示しています。一九八〇年代に翻訳者たちがめざした社会が、少しずつではありますが、実現されています。

③看護は女性だけではなく、人間の仕事

「補足する」方法の三つ目は、「nurse」の訳し方についてです。「nurse」の訳語として、当時は「看護婦」が一般的でした。でも看護は性別に関係がない、人間的な行為です。

ですから『からだ・私たち自身』では、原則として「看護士」という語を使いました。女性に限定されていた仕事を、人間全体の仕事として「見える化」したのです。この点についても「日本語版発刊にあたって」の中で説明されています。

nurse の訳には「看護士」という語をあてました（士のかわりに師、人、者なども候補にのぼりましたが）。これは、「看護婦」とすることによって看護＝女の仕事という思い込みが固定化され、男性に対する逆差別をはじめ、さまざまな弊害が生じていると考えたためです。（……ただし文脈上、従来の女性看護師を指していることが明らかな場合は「看護婦」と訳した個所もあります。）この語についても、前述の性器表現と同様、今後さらに検討が加えられることを期待したいと思います。（荻野、一九八八、八～九頁）

本文に追加された訳注には、こう記されています。

第Ⅶ部では、「看護士」という言葉を女性と男性を含めて用いている。日本の一九八八年現在の法律（保健婦助産婦看護婦法）においては、「看護士」とは男性看護人をさす。しかし、私たちは「看護婦」を用いることによって少数派である男性看護士を排除したくない。だが、「看護士」を用いることによって多数派である看護婦を無視しようとしているのではない。むしろ看護が本来、性別に関わらない人間的な行為であるという立場から、他の専門職（栄養士・理学療法士・介護福祉士など）と同様に「看護士」という言葉を用いることにする。（ボストン女の健康の本集団編著、日本語版翻訳グループ訳、一九八八、五二三〜五二四頁）

この点についても、荻野氏は答えてくださいました。

＊　＊　＊　＊

⑥「看護婦」の代わりに「看護士」を採用した意図と経緯は？

荻野：まだ男女両性の「看護師」という制度ができる前で、看護＝女性のみの天職、みたいなイメージが強かったので、それに異議を唱え、看護の仕事は男だってできるんじゃない？　ということを示唆するために、皆で相談して「看護士」ということばを使ったと思います。

＊　＊　＊　＊　＊

現在では、どちらか一方の性を排除する職業名は不適切だという認識が広まっており、「看護婦」は「看護師」、「スチュワーデス」は「客室乗務員」、「ＯＬ」は「会社員」、「保母・保父」は「保育士」というように、新たな職業名で呼ばれることが一般的です。この認識の変化は、一九九九年の男女雇用機会均等法改正がきっかけで起こりました。ちなみに、「ジェンダー」という用語が日本に広まったのは一九九〇年代です。『からだ・私たち自身』では、これらの動きに一〇年近くも先がけて、「看護士」という名称を提案しました。翻訳を通して、職業名のジェンダー平等を訴えたのです。

④序文や写真、巻末で翻訳・編集者や関わった人たちを「見える化」

『からだ・私たち自身』では、「日本語版発刊にあたって」と題して、三人の女性たちが、三種類のまえがきを書いています。

㈠ 女から女へのメッセージ（河野美代子）
㈡ 日本語版について（荻野美穂）
㈢「女と健康」運動と『からだ・わたしたち自身』（藤枝澪子）

㈠は、医療部分の監修を担当した河野美代子が書きました。ここでは、日本の読者が自分のからだについての知識を持ち、もっと自己主張をし、女性同士のネットワークを作ることを勧めています。自分の悩みを他の人に打ち明けることができれば、その悩みが決して特殊なものではなく、女性たちに共通しているものと気づくことができる、そして、一人では解決できないことも、力を合わせれば解決に近づくことができると励ましています。加えて、先ほど紹介したように、この本を読んだときの正直な気持ちもつづっています。

㈡では、これまで紹介してきたように、監訳者の荻野美穂が日本語訳の工夫点や、どういう意図でどんな単語を使ったかなどについて具体例を挙げながら説明しています。また、構成や内容、内容を補足するために入れた注釈、翻訳と編集に関わった人たちのことについても、詳細に語られています。

㈢では、監修者の藤枝澪子が背景にある女性たちの運動について説明しています。健康にかかわる運動は世界規模で行われていること、国連が女性差別撤廃をかかげるようになったのは、一九六〇年から一九七〇年代の女性解放運動がきっかけだったこと、セクシュアリティの問題は決して個人的なことではなく、社会的な問題であること、などについて書かれており、ボストンの女性たちの小さなグループが原書を作ったきっかけと経緯についても紹介しています。藤枝は『女のからだ』のほうの訳文チェックもしています。

この「日本語版発刊にあたって」では、日本語版を読む読者に三人の声が直接、届けられています。つまり、彼女たちの声が「聞こえる化」されています。

また、「日本語版発刊にあたって」の前のページには、四一人の女性たちの顔写真が掲載されています。一九八四年版『*Our Bodies, Ourselves*』でも、四〇人の女性たちの顔写真と、キャプションで名前もつけた五人の顔写真が掲載されているので、このやりかたを踏襲したものと想像できます。翻訳・編集にかかわったボランティア四八名の役割分担は明記しませんでしたが、多くのメンバーの顔写真を出すことで、どんな人たちがこの本を作ったのかが「見える化」されています。

そして、巻末には協力したグループが七六、協力者が八四人、記されています。ここでも協力した人たちが「見える化」されているのです。

＊1：
[...] I translated and translated, but it was never hard work! It has been one of the most beautiful things in my life! [...] With each sentence I translated, it was as if I learnt something more about myself and about women.（Arcara 2022: 363）

第三章　これからのために翻訳ができること

これから考えられる三つの変化

この章では、第一章と第二章で見てきたことをもとに、わたしたちが自分自身のままでいるために翻訳にできることは何か、そして、今後どんな変化が考えられるかを紹介します。

具体的には、次の三つです。

①一律の女らしさから、それぞれの個性へ
②ネガティブなイメージのない性器の名称へ
③「彼」と「彼女」だけでなく、インクルーシブな代名詞を

「はじめに」で紹介したように、今では日本語に欠かせない言葉となった「社会」は、

翻訳から生まれました。また第二章では、『からだ・私たち自身』の翻訳で新しい性器の名称や、職業名を提案したことを紹介しました。翻訳には、新しい概念を作ったり、埋もれていた問題を「見える化」したり、声を上げられなかった人々の声を「聞こえる化」したりして新しい社会を作っていく力があります。

翻訳で使われる言葉を変えることで、また、翻訳を参考にしながら新しい言葉を作ることで、社会そのものを変えていくための議論が少しでも広がることを期待しながら、一つずつ紹介していきましょう。

①一律の女らしさから、それぞれの個性へ

まず、翻訳の中で女性が使う女ことばを減らし、登場人物に合わせた言葉づかいにすることで、個性を尊重できるのではないかという点です。

ここで、現実の社会にいる学校の先生の話し方について考えてみましょう。みなさんの周りにいたり、これまで習ったことがあったりする女性の先生は、いつも女らしいとされる言葉づかいをしているでしょうか？　そんなことはありませんよね？　ときには、

女らしいとされる話し方をするかもしれません。でも、別のときには、男らしいとされる話し方をするかもしれません。女らしいとか、男らしいとか、そういう分類にはあてはまらない話し方をすることもあるかもしれません。

中村は『「自分らしさ」と日本語』（二〇二一）の中で、アイデンティティは「持つ」ものではなく、「する」ものだと指摘しています。わたしたちはたった一つの固定されたアイデンティティを持っているのではなく、人とのかかわりや状況などに応じて言葉を使い分けることで、複数のアイデンティティから選んだアイデンティティを表現しているからです。

みなさん自身のことを考えてみてください。友だちの前で見せるアイデンティティと、家族の前で見せるアイデンティティは、少し違っているのではないでしょうか？　あるいは、同じ友だちに対してでも、ときによっては違う面を見せたりすることはありませんか？　そして、あまりよく知らない人に対しては、また違った自分が表に出てくることもありますよね。

わたし自身はSNSをやっていないのですが、みなさんの中には、毎日のようにSNSを使っていて、SNS上で見せるアイデンティティは、日常生活で友だちや家族などに見せているアイデンティティとは全く違うという人もいるかもしれません。

こう考えると、物語の中の登場人物もたった一つのアイデンティティを「持つ」のではなく、その場に応じたアイデンティティを「している」ことになります。たった一つの「女らしい話し方」をするのではなく、相手やその状況に合わせて話し方を変えるはずです。

日本語の文章を書くときには、行為の主体を省略しても意味が成り立つことが多々あります。この特徴から、物語の中のせりふが誰の発言かがあいまいになることがあります。そういう場合にいかにも女らしい話し方をする人がいれば、読者にとって分かりやすくなることは確かです。

でも、第一章で事例を紹介したように、翻訳の中の女性たちは極端に女らしい言葉を使っています。日本語を話す現実の女性たちの言葉づかいと比較したら、「女らしい文末詞」の使用率が二〜四倍弱もありました。日本語で書かれた物語と比較をしたら、日本語の物語の女性たちも「女らしい文末詞」を使ってはいましたが、翻訳の中の女性たちはもっと頻繁に「女らしい文末詞」を使っていました。そして、登場人物がそれぞれ違った性格を持っていると描かれていても、同じような割合で「女らしい文末詞」を使っていることも分かりました。

翻訳の中の女性たちがとても女らしい、上品な話し方をしていることは、読者のわたしたちには当たり前すぎて気がつかなかったり、あえて意識しなかったりします。でも、「はじめに」でも説明したように、「当たり前なこと」だと思わされていることには、リスクが潜んでいます。

中村（二〇二二）によると、二〇一五年から二〇二〇年までに使われた小学校一年生の国語の教科書の中では、何の説明もなく、女子には「わたし」、男子には「ぼく」を使わせていたそうです。女子と男子の自称詞の違いは、調査した五社の教科書すべてで見られました。このことについて、中村はこう指摘しています。

実は、このように何の説明もなく、ある言語イデオロギー（引用者注・言葉の使い方についての規範やルール）をそのまま反映したことばの使い方をすることは、説明がある場合よりも、より強力にその言語イデオロギーを当たり前の考え方にする。なぜならば、説明しないことによって、女子が「わたし」を使い、男子が「ぼく」を使うことは、説明をする必要もないぐらい自然なことだとすることができるからだ。（中村、二〇二一、七五〜七六頁）

これはつまり、翻訳の中の女性たちがとても女らしく上品な話し方をすることを目にし続けると、読者のわたしたちは「こういうものが自然な話し方なのだ」と思い込まされてしまうということです。

押し付けの女らしさが表れているのは、翻訳の中だけではありません。第二章では、『女のからだ』の翻訳者である秋山が、新聞記事の中で使われる女ことばに反感を抱いていたと紹介しました。同じような例が、現在では完全になくなったといえるでしょうか？

必要以上に強調された女らしさから、それぞれの個性へ。物語やメディア、翻訳されたものの中の言葉から、一律の女らしさが取り除かれ、それぞれの人々の個性を後押しするような言葉づかいが見られるようになれば、一人ひとりが生きやすい社会にもっと近づくことでしょう。

②ネガティブなイメージのない性器の名称へ

二つ目の変化として、ネガティブなイメージが付きまとわない、新しい性器の名称が求められます。

第二章で紹介した『からだ・私たち自身』では、新しい女性器の名称が提案されました。日本語で女性器を表すときには、「陰」や「恥」といった漢字を使うしかなかったため、女性器の名称からネガティブなイメージを取り除くために、全く新しい名称を提案したのです。

最近では、子ども向けやその親向けの性教育の本がたくさん出ていますが、その中の一冊では、マイナスのイメージを持つ性器名称を使うことに対する懸念が示されています。ここでは女性器に限らず、男性器についても言及されています。

性器の呼び方（表現）も、かつて使われたことがある「ペニス」「ワギナ」をやめて「陰茎」「膣（ちつ）」という表現になっています。「陰茎」のように「陰」とか「恥」といったマイナスの価値観をともなって表わす言葉は、あまり使いたくないですね。（フクチ・村瀬、二〇二〇〈二〇二一〉、二一頁）

この本は、わたしが購入した二〇二一年の五月時点で、帯のコピーに「二〇万部突破!!」と書かれています。この本のように、専門書ではなく一般読者向けに書かれたベストセラーの本の中でこういった指摘がなされたということは、大きな意味があるのではないでしょうか？

長年にわたって性教育にたずさわってきた浅井（二〇二〇）も、女性器の名称について同様の問題提起をしています。自分のからだを大切にできるようになるためには幼児からの性教育が必要ですが、女性器について教えるときには、「あそこ」や「おまた」

といった間接的な表現をするのではなく、正確な名称を教えるべきだと述べています。女性器の呼び方については方言の用語もあります。しかし、浅井は方言を名称として使うのは好ましくないとも書いています。それは、たとえば関東地方の方言である「オメコ」はセックスと同義語で、女性器が男性のための器官であることを示唆しているからです。ですから、偏見を含まず、適切で実用的な女性器の名称を作るための議論をするべきだと、次のように述べています。

女の子の性器の名称をどう考えるかという議論は、性教育をすすめていくうえで避けては通れない課題です。保育の現場で無名であったり、偏見を伴ったりする用語は避けることを基本に、使いやすさも考えながら、実践的に検討していただきたいと願っています。（浅井、二〇二〇、一一八頁）

橋本・池谷・田代（二〇一八）によれば、実は、小学校の保健の教科書では、性器の名称についての改革が行われたことがあります。性器の名称に「陰」や「恥」という漢字が使われると、セクシュアリティにネガティブなイメージが付いてしまうことを危惧したからです。そこで、性教育元年の前後から、「ペニス」や「ワギナ」という外来語を使うことが提唱されました。

性教育元年とは一九九二年のことです。この年は、小学校の保健の五・六年生用の教科書が誕生しました。一九八〇年代後半に、日本でもエイズが問題化しました。性感染症の予防のためにも性教育が必要だとして、一九八九年に小学校学習指導要領が改訂され（施行は一九九二年）、小学校でも性教育が行われることになったのです。

この結果、学研（一九九六年度）、東京書籍（二〇〇〇年度）、大日本図書（二〇〇二年度）の教科書では「いんけい（ペニス）」、「ちつ（ワギナ）」と表記され、ひらがなとカタカナ表記の外来語が併記されました。しかし、二〇〇五年度版の教科書検定で外来語は学術用語ではないと判断されて、すべての教科書（全五社）から外来語表記が削除されました。

中学校と高校でも同様で、中学校の保健体育教科書では二〇〇六年度以降、高校の保健体育教科書では二〇〇七年度以降に外来語表記を削除しました。このように、「性器の名称を変えよう！」と思ったとしてもなかなかスムーズにいくわけではなく、一進一退を続けています。

『からだ・私たち自身』の監訳者・荻野は、インタビューの中で性器名称を変えることは簡単ではないと語っていました。しかし、『からだ・私たち自身』で提案した「性毛」が、今では辞典の項目として取り入れられました。さらに、「内性器」、「外性器」が一般家庭向けの医学書で使われるようにもなってきました。変化は少しずつ、始まっています。

性器の名称とは単純に比べられないかもしれませんが、海外では、新しい言葉を作る動きが出ています。

たとえば、英語の三人称代名詞「ze」があります。これは、「she」や「he」に代わる言葉として新しく作られたもので、女性や男性といったジェンダーに縛られない代名詞であり、ノンバイナリーの人などが使っています。「ze」以外にも、「ey」、「xe」、 「ve」、「per」など、新代名詞がいろいろと出てきています。また、複数形の三人称代名詞「they」も、同様の意味で単数形として使われています。ヤング（二〇二一）は、これらの代名詞を「インクルーシブな代名詞」と呼んでいます。

こういった動きを受けて、英語圏の大学のウェブサイトでは、学生向けにインクルーシブな代名詞を紹介するページを作っているところが増えています。たとえば、アメリカのオンタリオ工科大学のウェブサイトでは、「なぜ代名詞に気をつけなくてはならないのか、相手が望む代名詞を知るにはどうしたらいいか、自分が望む代名詞を相手に伝えるにはどうしたらいいか、相手に対して代名詞の使い方を誤ってしまった場合にはどう対処するのがいいか、会話や文章の中での使い方は」といった疑問についてとても具体的に分かりやすく、かつ簡潔に説明されています。

実は、英語よりも早くから新しいインクルーシブな代名詞が生まれ、定着している言語があります。それはスウェーデン語です。スウェーデン語の新しいインクルーシブな代名詞「hen」は、二〇一五年にはスウェーデン・アカデミーが発行する辞書に収録されました。つまり、スウェーデン政府からのお墨付きをもらったのです（このスウェーデン語の代名詞については、次の項目でもっと詳しく紹介します)。

ネガティブなイメージが付きまとう性器の名称は、わたしたちに自分のからだに対する後ろめたさを植え付けてはいないでしょうか? 自分のからだに「陰」や「恥」と付くものがあるとしたら、おおらかな気持ちで自分のからだをまるごと肯定し、好きになることはできません。セクシュアリティに対して何らかの後ろめたさや、知ってはいけないことというイメージを持っているとしたら、そのことと名称には関係があるのかもしれません。

自分のからだの一部をどういう名前で呼ぶかは、わたしたちが自分のからだをそのまま受け入れることができるか、社会から承認されていると感じることができるか、といった個人的なことにだけ影響するのではありません。先ほど保健の教科書の改革を紹介したように、性教育を行う際の障害になる可能性などもあります。わたしたちは、いま、あらためて適切な性器の名称について考える必要があるのではないでしょうか。

③「彼」と「彼女」だけでなく、インクルーシブな代名詞を

最後に取り上げるのは、日本語の代名詞にも新しいノンバイナリーのインクルーシブな代名詞が必要なのではないだろうかということです。

まずは、先ほど少し触れたスウェーデン語の「hen」について、どういう経緯で生まれ、定着していったのかを文献をもとに紹介していきましょう（Gustafsson Sendén, et al. 2015／ヘレンハルメ、二〇二〇）。

かつてスウェーデン語の代名詞には、「hon（彼女）」と「han（彼）」の二種類しかありませんでした。そして、もし日常会話やメディアなどで、性が分からない人や、性を明示したくない人を指す場合には、「han（彼）」で代用されていました。しかし、男性を指す代名詞が女性などの男性以外を指すのはおかしい、と考えられるようになってきました。そこで、「han eller hon（han または hon）」、「han/hon」、「h-n」などが使われたりしていました。

そんななか、一九六六年に言語学者のロルフ・デュノースがある地方紙のコラムで、

インクルーシブな代名詞である「hen」を提案しました。これは、フィンランド語の性を限定しない代名詞「hän」を参考にしたものでした。「hän」は「hen」と発音も似ているそうです。しかし、この提案は言語学者などの専門家の間では知られても、一般の人たちにまで広がることはありませんでした。

四〇年近く経《た》った二〇〇五年前後から、LGBTQの人など、自分を指すときには「hen」を使って欲しいと主張する人たちが増えてきました。それでも、まだ広く社会に受け入れられているわけではありませんでした。それが、二〇一二年に発行された絵本『*Kivi & Monsterhund*（キーヴィとかいぶつワンコ）』の主人公に使われたことがきっかけとなり、スウェーデンの社会に「hen」をめぐる議論を巻き起こしました。ヘレンハルメによれば、この絵本はとくにノンバイナリーをテーマにしているわけではありませんが、まえがきには「キーヴィが女の子か男の子かより、キーヴィがなにをするかのほうが重要だから」と書いてあるそうです。

「hen」に対する反対意見は、大きく次の三つがありました。

㈠ スウェーデン語の代名詞は、新語が作られやすい名詞や動詞とは違って、簡単に新しい語ができるものではない。

（これは日本語も同じで、「エモい」などの形容詞、「バズる」などの動詞、「地球沸騰化」などの名詞のように、形容詞や動詞、名詞の新語はいろいろありますが、代名詞の新語は生まれにくいものなのです。）

㈡「hen」は指し示す人の性別を表さない（明らかにしたくない、または、知らない）場合に使うもので、日常会話で使うことはほとんどない。

㈢ 日常会話で使わなければ身近な代名詞とはならず、定着しない。

こういった反対意見などさまざまな議論がある中で、あるテレビ討論番組での賛成派の言語学者による次のような発言が、インクルーシブな代名詞「hen」を後押しすることにつながりました。

「hen」という代名詞を使った絵本があることで、自分にも居場所がある、自分を

投影できる物語がある、と思えるノンバイナリーの子どもがひとりでもいるなら、
それだけでも価値があるのではないか。（ヘレンハルメ、二〇二〇）

それでも、スウェーデン語話者がすぐに「hen」を受け入れたわけではありません。スウェーデン政府の言語・民族を扱う省の諮問委員会（Språkrådet、英語ではThe Swedish Language Council）は、二〇一二年の後半に「hen」の使用を勧めないと表明しました。その理由としては、伝える内容のじゃまをしたり、相いれない場合が出てきたりすることが挙げられました。

しかし、この諮問委員会は二〇一三年に、懸念を示しつつも「hen」の使用を認める声明を発表しました。そして、ついにはスウェーデン・アカデミーが発行する二〇一五年版の辞書（SAOL）に「hen」が収録されました。

では、スウェーデン語話者の人たちは、この新しい代名詞をどう受け止めていたのでしょうか？　人々は時間とともに「hen」を受け入れていったようです。それを示す研

究結果があります。この調査では、絵本で使われた頃の二〇一二年から辞書に収録された頃の二〇一五年の「hen」に対する人々の受け止め方を比較しています。

(一) 非常にネガティブに受け止めている

二〇一二年　56・5%
二〇一三年　26・1%
二〇一四年　17・5%
二〇一五年　9・6%

(二) 非常にポジティブに受け止めている

二〇一二年　17・4%
二〇一三年　40・4%
二〇一四年　32・5%
二〇一五年　68・9%

(Gustafsson Sendén, et al. 2015: 6)

この結果からは、非常にネガティブに受け止めていた人は二〇一二年から二〇一五年には約六分の一に減り、非常にポジティブに受け止めていた人は三倍以上に増えたことが分かります。新しい代名詞を否定的にとらえていた人も、人々が使うようになってメディアでも使用されるようになると、段々と受け入れていったことが分かります。

もう一つ興味深い研究を紹介します。わたしたちのジェンダー認識をより偏りのないものに変えるためには、すでに存在している単語を使ってジェンダー平等をめざすよりも、全く新しい単語を使った方が有効だということを示した研究です（Lindqvist, et al. 2019）。

この実験では、スウェーデンとアメリカの大学生などに求人広告への応募書類の要約を見せました。その要約の中で使う三人称の代名詞を変えて、実験の参加者の反応を見るためです。そして、それを見た人たちが、志願者のジェンダーをどう考えたかを聞きました。実験の対象となったのはスウェーデンでの実験が四一七名、アメリカが四一一名でした。その結果、すでに存在している単語を使ったもの（英語では she や he の代わりにthey）よりも、新しい単語（スウェーデン語のhenや英語のzeなど）を使った要約の方が、推測した性別の偏りが見られなかったそうです。

「翻訳について考えるこの本で、なぜ、日本語のノンバイナリー代名詞の話をしているのだろう？」といぶかしく思う人もいるかもしれません。その理由は、日本語の「hon（彼女）」と「han（彼）」、つまり三人称代名詞の「彼女」と「彼」は、翻訳から生まれた言葉だからです。

「彼」の変遷について調べた柳父は、「彼」のような三人称の代名詞は必要な言葉ではなく、いわば、よけいな言葉だったと指摘しています。もともと、日本語には三人称の代名詞はありませんでした。幕末から明治のころまでの辞書の説明では、「彼」は男女ともに人を指すだけではなく、ものも指していました。それが、男性の三人称代名詞として使われるようになっていきました。「彼」は、まず翻訳に使われました。その翻訳文が日本語の文章の書き方に影響を与え、日本語の小説でも「彼」が使われるようになりました。

一方「彼女」は、西洋語の三人称代名詞には男女の区別があることから、女性の三人称代名詞の訳語として生まれました。柳父によれば、日本語―オランダ語の辞書である『和蘭語法解《おらんだごほうげ》』（一八一五）には、「彼女は　甚《はなはだ》　美ナリ」との訳文が載っているそうです。この「彼女」は「かのおんな」と読まれていた可能性があると、柳父は指摘しています。そして、「かのじょ」と読まれるようになったのは、『当世書生気質《かたぎ》』（坪内逍遥、一八八五～一八八六）からとのことです。

日本の近代文学の代表作ともいえる田山花袋の『蒲団』（一九〇七）には、「彼」と「彼女」が使われています。柳父は、ここでの「彼」と「彼女」の使用についてこう書いています。

> こういう「彼」や「彼女」を、花袋はきわめて意識的に、あえて使っていた、と私は考える。意識的、と言うのは、そのことばの意味について、ということではなく、日本文の文脈における違和感を十分心得、それにもかかわらず使ってみる、という使い方の意識である。（柳父、一九八二〈二〇一一〉、二一〇頁）

日本語として違和感のある、よけいな言葉でもある代名詞をあえて小説に使ったことで、三人称代名詞としての「彼」と「彼女」が広まり、日本語の文章を書くときに使われるようになりました。そして、やがて人々の日常生活にも浸透していきました。最初は違和感のある新語であっても、案外、少しずつ浸透していくものなのです。

ちなみに、中国語と韓国語でも日本語と同じようなことが起こりました。『「她《かのじょ》」という字の文化史』（黄著、孫訳、二〇二一）という本によれば、中国語や韓国語にも女性の三人称代名詞はなかったのが、西洋語の訳語から新語が作られたそうです。中国語の「她」(tā) は、男性の三人称代名詞「他」の偏を「人」から「女」に変えたもので、一九三〇年代ごろに一般に広がったそうです。そして韓国語の「그녀」(geu nyeo) は、一九五〇年代に普及し始めました。

先ほど、スウェーデン語の「hen」に対する主な反対意見を三つ挙げました。一つ目は、代名詞には新語が簡単に入り込めないという意見です。新語は簡単にはできないかもしれませんが、現実に、「彼女」も「彼」も翻訳から生まれた新語でした。簡単にはできなくとも、実際にできた例が日本語に、そして中国語と韓国語にもあったというわけです。

二つ目の意見は、日常生活で使う機会はほとんどないというものでした。日本語を書いたり話したりするときには、わざわざ行為の主体を示さず、人称代名詞を省略することも多いですから、別の言葉で代用してやり過ごすことは不可能ではないのかもしれません。

外国語から日本語へ訳すときにはどうでしょうか？　インクルーシブな代名詞を訳すための日本語の単語は、まだ存在しません。三人称代名詞を省略したり、その場に応じて言葉を工夫したりすれば対応できると考える人も、もちろんいることでしょう。しかし、言葉がないということは、その言葉が示す存在が認められていないことに等しいのではないでしょうか？

ここで、「セクシャル・ハラスメント」という言葉について考えてみましょう。この言葉は、一九八九年に「ユーキャン新語・流行語大賞」の新語部門金賞を受賞しました。

言葉が人々の間に広まったことで、セクシャル・ハラスメントにあたる行為を受けた人が、その行為に対して異議を唱えやすくなりました。言葉が広まる前、そして言葉ができる前に、セクシャル・ハラスメントにあたる行為がなかったわけでは決してありません。ただ、そういう行為は見過ごされ、なかったことにされていたのです。

言葉が存在するということは、なかったことにされていることやもの、そして人々を「見える化」するための大きな力になります。「はじめに」では、「社会」が示す概念が日本にはなかったけれども、言葉ができ、いまでは「社会」はわたしたちにとっては当たり前の存在になったと紹介しました。同じことが、三人称の代名詞にも起こりうるのではないでしょうか?

三つ目の、日常会話で使わなければ定着しないだろうという意見には、「彼女」と「彼」が定着するまでの過程が一つの参考になりそうです。「彼女」と「彼」は、日本語には必要がなかった、いわば、よけいな言葉でした。その三人称代名詞が翻訳に使われるようになり、翻訳を手本にして日本語の文章に使われるようになりました。その結果、日常会話でも使われるようになったのです。

この言葉が一般化する流れは、第一章で紹介した女ことばの「〜てよ」、「〜だわ」といった文末詞にも共通します。作家の佐藤春夫は、「はじめはきつと変な品格のあまりないものであつたかと思ふ」と書いていました。「彼女」や「彼」のように、よけいな言葉だったのです。それが、翻訳で使われたことにより「良い」イメージに変換され、日本の小説家が使い、やがて一般にも広がっていきました。

「彼女」も「彼」も、そして女らしい文末詞も、日常会話で使わないと身近な言葉にならなかったのではありませんでした。その逆で、文学の中で使われたことによって一般の人に広まり、日常会話で使われるほど身近な言葉になったのです。

「彼女」と「彼」を翻訳から生み出した日本語には、新しいインクルーシブな代名詞を生み出す可能性があるのではないでしょうか。わたしたちみんなが「自分自身でいる」ことを大切にする社会に向けて、この変化にも期待をしたいと思います。

第三章では、これからのために翻訳ができることについてまとめてきました。ここで紹介したことは、一部の研究者や翻訳にかかわる人たちだけが考える問題ではありません。日本語を使ったり学んだりしている人みんなで、一緒に考えていきたい問題です。

また、紹介した三つの可能性以外にも、わたしたちのいる社会を翻訳によってより良くしていくための方法はいろいろと考えられるでしょう。読者のみなさんもこれから本を読んだり、友だちなど身近な人とおしゃべりをしたりするときには、ここで読んだことを思い出して、ぜひ考えてみてください。

おわりに

翻訳は社会を映し出す。
映す社会を変えて、社会そのものを変えていこう。

わたしは翻訳を「社会を映す鏡」として見ることに興味があり、翻訳についての研究をしてきました。

第一章では、社会が考える「女らしさ」が翻訳にどう映し出されているかを探りました。考える材料として、いろいろな小説を分析した結果を紹介しています。でも、これらのデータや事例は、ある特定の翻訳を批判するために集めたものではありません。翻訳という鏡に社会がどう映っているのかを知るために集めたものです。読者のみなさんも、大まかな傾向を知るための材料として受けとってくださったら、うれしく思います。

第二章では、社会が考える「女らしさ」に抗《あらが》ったフェミニスト翻訳の事例を紹介しました。『*Our Bodies, Ourselves*』と二つの日本語訳のことを知ったきっかけは、『からだ・私たち自身』の監訳者、荻野美穂氏の本『女のからだ　フェミニズム以後』を読んだことでした。この本には女性器の新しい名称を提案したことも書かれており、そのくだりを読んだときに、わたしは「翻訳にはこんなことができるのか」、「こんな試みをした女性たちがいたのか」と感動し、大げさではなく胸が熱くなって涙がこぼれてきました（朝、新聞の投書欄を読んでいても泣いてしまうことがあるぐらいですから、涙もろい方ではあるのですが）。

この研究をしながら、五〇年前と約三五年前に翻訳を行った先輩方から、とても多くのことを学びました。先輩方から受け取ったバトンを次の人に渡すために、わたしはこの本を書きました。出版の機会を与えてくださった筑摩書房の甲斐いづみさんに、心よりお礼を申し上げます。どうもありがとうございました。そして、この本が読者のもとに届くまでに関わってくださったみなさまにも、お礼を申し上げます。

もしもこの本が、この先三五年後、さらには五〇年後に何らかの形で存在できていたとしたら、そして、第三章を読んだ人たちのいる社会がすでに大きく変わっていて、「昔はこんなことが求められていたんだ」と過去の話として受け取ってもらえたとしたら、本当にうれしい。そんなことを強く願いながら、筆をおきたいと思います。

最後に、「翻訳をジェンダーする」時間を共に過ごしてくださった読者のみなさま、本当にありがとうございました。

二〇二四年　夏

古川弘子

参考文献

【はじめに】
J.K. ローリング著、松岡佑子訳（1999）『ハリー・ポッターと賢者の石』静山社
土田知則・青柳悦子（2001）『文学理論のプラクティス　物語・アイデンティティ・越境』新曜社
マッケン，H. ほか著、最所篤子・福井久美子訳（2020）『フェミニズム大図鑑』三省堂
三原芳秋・渡邊英理・鵜戸聡編（2020［2023］）『［クリティカル・ワード］文学理論』フィルムアート社
柳父章（1976［2011］）『翻訳とはなにか　日本語と翻訳文化』法政大学出版局
柳父章（1982［2011］）『翻訳語成立事情』岩波書店
ワイズバーガー，L. 著、佐竹史子訳（2006）『プラダを着た悪魔（上・下巻）』早川書房
Bessaïh, N. and A. Bogic（2020）'Translating Feminist Texts on Women's Sexual and Reproductive Health', in L. von Flotow and H. Kamal（eds.）*The Routledge Handbook of Translation, Feminism and Gender*. New York: Routledge, pp. 518–527.
Davis, K.（2007）*The Making of Our Bodies, Ourselves*. Durham: Duke University Press.
Fairclough, N.（1989［2001］）*Language and Power*. London: Longman.
von Flotow, L.（1997）*Translation and Gender*. Manchester: St Jerome and Ottawa: University of Ottawa Press.
de Lotbinière-Harwood, S.（1989）'About the Her in Other', Preface to *Letters from an Other* by L. Gauvin, in L. von Flotow（1997）*Translation and Gender*. Manchester: St Jerome and Ottawa: University of Ottawa Press.
Nakamura, M.（2015）'Translation: Inter-Lingual Construction of Gender',『日本語とジェンダー』No. 15, p. 1–11.
Rowling, J. K.（1997）*Harry Potter and the Philosopher's Stone*.

New York: Scholastic Inc.
Simon, S. (1996) *Gender in Translation*. London: Routledge.
Weisberger, L. (2003［2008］) *The Devil Wears Prada*. London: Harper.
West, C. and D. H. Zimmerman (1987) 'Doing Gender', *Gender and Society*, Vol. 1, No. 2, pp. 125–151.

【第 1 章】

東照二（2009［2011］）『社会言語学入門（改訂版）』研究社
アトウッド，M. 著、大浦暁生訳（1996）『食べられる女』新潮社
伊藤祥（2021）「2021 年度第 2 回 JTF 翻訳セミナー［イベント報告］日本における出版翻訳の現状」JTF Journal. https://webjournal.jtf.jp/2021/09/09/3863/（閲覧日：2024 年 6 月 12 日）
ウィンターソン，J. 著、岸本佐知子訳（2011）『灯台守の話』白水社
遠藤織枝（1997）『女のことばの文化史』学陽書房
大島かおり（1990）「女が女を訳すとき」『翻訳の世界』9 月号 Vol. 15. No. 11. pp. 42–45.
岡本成子（2010）「若い女性の「男ことば」」中村桃子編『ジェンダーで学ぶ言語学』pp. 129–144. 世界思想社
尾崎るみ（2007）『若松賤子　黎明期を駆け抜けた女性』港の人
金水敏（2000）「役割語探求の提案」佐藤喜代治編『国語論究　第 8 集　国語史の新視点』pp. 311–351. 明治書院
金水敏（2003）『ヴァーチャル日本語　役割語の謎』岩波書店
金水敏（2014）「フィクションの話し言葉について　役割語を中心に」石黒圭・橋本行洋編『話し言葉と書き言葉の接点』pp. 3–11. ひつじ書房
金田一春彦（1988）『日本語［新版］上巻』岩波書店
小森陽一（1998）『〈ゆらぎ〉の日本文学』日本放送出版協会
小山静子（1991［1993］）『良妻賢母という規範』勁草書房
佐藤春夫（1941［1999］）「国語の醇化美化」『定本佐藤春夫全集 第 22 巻』pp. 166–177. 臨川書店
サン＝テグジュペリ著、河野万里子訳（2006［2023］）『星の王子さ

ま』新潮社
千田有紀・中西祐子・青山薫（2013［2019］）『ジェンダー論をつかむ』有斐閣
中村桃子（2007）『「女ことば」はつくられる』ひつじ書房
中村桃子（2012）『女ことばと日本語』岩波書店
中村桃子（2021）『「自分らしさ」と日本語』筑摩書房
二葉亭四迷（1964［1981］）『二葉亭四迷全集　第一巻』岩波書店
古川弘子（2013）「女ことばと翻訳　理想の女らしさへの文化内翻訳」『通訳翻訳研究』第13号．pp. 1–23.
古川弘子（2017）「翻訳・非翻訳小説における女ことば　文末詞使用と読者受容」『通訳翻訳研究』第17号．pp. 93–111.
益岡隆志・田窪行則（2024）『基礎日本語文法（第3版）』くろしお出版
水本光美（2010）「テレビドラマ　“ドラマ語”としての「女ことば」」中村桃子編『ジェンダーで学ぶ言語学』pp. 89–106. 世界思想社
Alvstad, C.（2019）'Children's Literature', in K. Washbourne and B. van Wyke（eds.）*The Routledge Handbook of Literary Translation*. London: Routledge. pp. 159–180.
Atwood, M.（1969［2007］）*The Edible Woman*. London: Virago.
Boase-Beier, J.（2006）*Stylistic Approaches to Translation*. Manchester: St. Jerome Publishing.
Even-Zohar, I.（1978, revised 1990［2021］）'The Position of Translated Literature within the Literary Polysystem', in L. Venuti（ed.）*The Translation Studies Reader*（4th edition）. New York: Routledge. pp. 191–196.
Furukawa, H.（2015）'Intracultural Translation into an Ideological Language: The Case of the Japanese Translations of *Anne of Green Gables*', *Neohelicon*. Vol. 42, No. 1, pp. 297–312.
Furukawa, H.（2017a）'Kiki's and Hermione's Femininity: Non-Translations and Translations of Children's Literature in Japan', *Invitation to Interpreting and Translation Studies*', Vol. 17, pp. 20–34.

Furukawa, H. (2017b) 'De-Feminizing Translation: To Make Women Visible in Japanese Translation', in L. von Flotow and F. Farahzad (eds.) *Translating Women: Different Voices and New Horizons*. London and New York: Routledge, pp. 76–89.

Gutt, E. (2000) *Translation and Relevance: Cognition and Context* (2nd edition). Manchester: St. Jerome Publishing.

Hermans, T. (1996) 'Norms and the Determination of Translation: A Theoretical Framework', in R. Alvarez and M. Vidal (eds.) *Translation, Power, Subversion*. Clevedon: Multilingual Matters, pp. 25–51.

Howells, C. A. (2005) *Margaret Atwood* (2nd edition). New York: Palgrave Macmillan.

Inoue, M. (2006) *Vicarious Language: Gender and Linguistic Modernity in Japan*. Berkeley: University of California Press.

Lathey, G. (2006) 'Introduction', in G. Lathey (ed.) *The Translation of Children's Literature: A Reader*. Clevedon: Multilingual Matters Ltd., pp. 1–12

MacKenzie, I. (2002) *Paradigms of Reading: Relevance Theory and Deconstruction*. New York: Palgrave Macmillan.

Okamoto, S. and S. Sato (1992) 'Less Feminine Speech among Young Japanese Females', in K. Hall et al. (eds.) *Locating Power: Proceedings of the Second Berkeley Women and Language Conference, April 4 and 5, 1992*, Vol. 1. Berkeley and Calif: Berkeley Women and Language Group, pp. 478–488.

Patten, B. (1995) *Storm Damage*. London: Flamingo.

Pilkington, A. (2000) *Poetic Effects: A Relevance Theory Perspective*. Amsterdam and Philadelphia: John Benjamins Publishing Company.

Sperber, D. and D. Wilson (1995) *Relevance: Communication and Cognition* (2nd edition). Oxford: Blackwell.

Toury, G. (2012) *Descriptive Translation Studies — and Beyond* (Revised edition). Amsterdam and Philadelpia: John Benjamins Publishing Company.

Wales, K.（2011）*A Dictionary of Stylistics*（3rd edition）. Edinburgh: Pearson Education Limited.

【第 1 章で分析したテクスト】

翻訳小説の女性の話し方 vs 現実の女性の話し方

キンセラ，S. 著、飛田野裕子訳（2003）『レベッカのお買いもの日記（1 巻）』ヴィレッジブックス

キンセラ，S. 著、佐竹史子訳（2003、2005、2008、2009、2011）『レベッカのお買いもの日記（2〜6 巻）』ヴィレッジブックス

フィールディング，H. 著、亀井よし子訳（1998［2001］）『ブリジット・ジョーンズの日記』ソニー・マガジンズ

ワイズバーガー，L. 著、佐竹史子訳（2006）『プラダを着た悪魔（上・下巻）』早川書房

ワイズバーガー，L. 著、佐竹史子訳（2009）『ハリー・ウィンストンを探して』早川書房

翻訳された小説 vs 日本語で書かれた小説

ワイズバーガー，L. 著、佐竹史子訳（2009）『ハリー・ウィンストンを探して』早川書房

柚木麻子（2013［2015］）『あまからカルテット』文藝春秋

翻訳された小説 vs 日本語で書かれた小説（児童文学）

角野栄子（1985、1993、2000、2004、2007、2009）『魔女の宅急便（1〜6 巻）』福音館書店

J. K. ローリング著、松岡佑子訳（1999）『ハリー・ポッターと賢者の石』静山社

J. K. ローリング著、松岡佑子訳（2000）『ハリー・ポッターと秘密の部屋』静山社

J. K. ローリング著、松岡佑子訳（2001）『ハリー・ポッターとアズカバンの囚人』静山社

J. K. ローリング著、松岡佑子訳（2002）『ハリー・ポッターと炎のゴブレット（上・下巻）』静山社

J. K. ローリング著、松岡佑子訳（2004）『ハリー・ポッターと不死

鳥の騎士団（上・下巻）』静山社
J.K. ローリング著、松岡佑子訳（2006）『ハリー・ポッターと謎のプリンス（上・下巻）』静山社
J.K. ローリング著、松岡佑子訳（2008）『ハリー・ポッターと死の秘宝（上・下巻）』静山社

女性の翻訳者 vs 男性の翻訳者
オースティン，J. 著、ハーディング祥子訳（1997）『エマ』青山出版社
オースティン，J. 著、工藤政司訳（2000［2007］）『エマ（上・下巻）』岩波書店
オースティン，J. 著、中野康司訳（2003［2006］）『高慢と偏見（上・下巻）』筑摩書房
オースティン，J. 著、中野康司訳（2005）『エマ（上・下巻）』筑摩書房
ブロンテ，C. 著、小尾芙佐訳（2006）『ジェイン・エア（上・下巻）』光文社
ブロンテ，E. 著、鴻巣友季子訳（2003）『嵐が丘』新潮社
ブロンテ，E. 著、小野寺健訳（2010）『嵐が丘（上・下巻）』光文社
ブロンテ，E. 著、河島弘美訳（2004）『嵐が丘（上・下巻）』岩波書店

『赤毛のアン』の比較
モンゴメリ，L.M. 著、村岡花子訳（1954［2003］）『赤毛のアン』新潮社
モンゴメリ，L.M. 著、松本侑子訳（1993［2000］）『赤毛のアン』集英社
モンゴメリ，L.M. 著、掛川恭子訳（1999［2006］）『赤毛のアン』講談社

【第２章】
秋山洋子（1992）「ウルフの会のこと」『インパクション Impac-

tion』No. 73. pp. 30–37.
秋山洋子（1993）『リブ私史ノート　女たちの時代から』インパクト出版会
秋山洋子・桑原和代・山田美津子（1974a）「訳者あとがき」ボストン「女の健康の本」集団著、秋山洋子・山田美津子・桑原和代訳編『女のからだ　性と愛の真実』pp. 343–346. 合同出版
秋山洋子・桑原和代・山田美津子（1974b）「日本語版まえがき」ボストン「女の健康の本」集団著、秋山洋子・桑原和代・山田美津子訳編『女のからだ　性と愛の真実』pp. 1–3. 合同出版
秋山洋子・桑原和代・山田美津子（1974c）「医療とわたしたち」ボストン「女の健康の本」集団著、秋山洋子・山田美津子・桑原和代訳編『女のからだ　性と愛の真実』pp. 339–342. 合同出版
浅井春夫（2020）『包括的性教育』大月書店
井上輝子（2009）「日本の女性学と『性役割』」天野正子ほか編（2009）『新編　日本のフェミニズム 3　性役割』pp. 1–42. 岩波書店
ウィメンズアクションネットワーク「ミニコミ図書館」（2024）
『からだ・私たち自身』https://wan.or.jp/dwan/detail/8285#gsc.tab=0（閲覧日：2024 年 6 月 12 日）
『資料日本ウーマン・リブ史Ⅰ・Ⅱ・Ⅲ』https://wan.or.jp/dwan/dantai/detail/6?title=6#tab（閲覧日：2024 年 6 月 12 日）
上野千鶴子（1986）「上野千鶴子のおんなの本・USA」『ウィメンズ　ブックス』第 18 号. p. 4.
上野千鶴子（2016［2019］）『〈おんな〉の思想　私たちは、あなたを忘れない』集英社
上野千鶴子（2022）「私のからだは、「私自身」のものになったか 30 年後の検証」（認定 NPO 法人 WAN 主催イベント　2022 年 1 月 23 日）https://wan.or.jp/article/show/9933#gsc.tab=0（閲覧日：2024 年 6 月 12 日）
遠藤織枝（1997）『女のことばの文化史』学陽書房
大阪ボランティア協会ボランタリズム研究所監修（2014）『日本ボランティア・NPO・市民活動年表』明石書店
荻野美穂（1988）「日本語版発刊にあたって　Ⅱ日本語版について」

ボストン女の健康の本集団編著、日本語版翻訳グループ訳『からだ・私たち自身』pp. 8-9. 松香堂書店
荻野美穂（2014）『女のからだ　フェミニズム以後』岩波書店
荻野美穂（2022a）オンライン講演「『からだ・私たち自身』ができるまで」（認定NPO法人WAN主催イベント「私のからだは、「私自身」のものになったか　30年後の検証」2022年1月23日）https://wan.or.jp/article/show/9933#gsc.tab=0（閲覧日：2024年6月12日）
荻野美穂（2022b）メールによるインタビュー（2022年2月12日）
河野美代子（1988）「日本語版発刊にあたって　I女から女へのメッセージ」ボストン女の健康の本集団編著、日本語版翻訳グループ訳『からだ・私たち自身』pp. 7-8. 松香堂書店
菊地夏野（2019）『日本のポストフェミニズム　「女子力」とネオリベラリズム』大月書店
小山健（2018、2019、2020a、2020b）『生理ちゃん（1〜4巻）』KADOKAWA
斉藤正美（2010）「差別表現とガイドライン　差別をつくる／変えることば」中村桃子編『ジェンダーで学ぶ言語学』pp. 183-195. 世界思想社
千田有紀・中西祐子・青山薫（2013［2019］）『ジェンダー論をつかむ』有斐閣
宋美玄（2020）『医師が教える女体大全』ダイヤモンド社
田中美津（ぐるーぷ・闘うおんな）（1970）「便所からの解放」天野正子ほか編（2009）『新編　日本のフェミニズム1　リブとフェミニズム』pp. 55-72. 岩波書店
谷口真由美（2007）『リプロダクティブ・ライツとリプロダクティブ・ヘルス』信山社
田間泰子（1988）「『からだ・私たち自身』完成！」『ウィメンズ　ブックス』第29号. p. 11.
柘植あづみ（2024）「セクシュアル・リプロダクティブ・ヘルス／ライツ」ジェンダー事典編集委員会編『ジェンダー事典』pp. 50-51. 丸善出版
中西豊子（2006）『女の本屋（ウィメンズブックストア）の物語』

ウィメンズブックストアゆう・ドメス出版
中西豊子（2022）「私のからだは、「私自身」のものになったか　30年後の検証」（認定NPO法人WAN主催イベント　2022年1月23日）https://wan.or.jp/article/show/9933#gsc.tab=0（閲覧日：2024年6月12日）
西川祐子・上野千鶴子・荻野美穂（2011）『フェミニズムの時代を生きて』岩波書店
半田尚子（2019）「「生理バッジ」取りやめへ　大丸梅田店、意思表示は継続」朝日新聞2019年11月28日 https://www.asahi.com/articles/ASMCW752DMCWPTIL036.html（閲覧日：2024年6月12日）
藤枝澪子（1988）「日本語版発刊にあたって　Ⅲ「女と健康」運動と『からだ・私たち自身』」ボストン女の健康の本集団編著、日本語版翻訳グループ訳『からだ・私たち自身』pp. 10–11. 松香堂書店
ボストン「女の健康の本」集団著、秋山洋子・桑原和代・山田美津子訳編（1974）『女のからだ　性と愛の真実』合同出版
ボストン女の健康の本集団編著、日本語版翻訳グループ訳（1988）『からだ・私たち自身』松香堂書店
ボストン・ゲイ・コレクティブ著、天野道美訳（1974a）「レズとよばれて（上）」『女・エロス』第2号．pp. 86–104.
ボストン・ゲイ・コレクティブ著、天野道美訳（1974b）「レズとよばれて（下）」『女・エロス』第3号．pp. 80–92.
牧口明（2014）「「ウィメンズブックストア松香堂書店」と中西豊子」大阪ボランティア協会ボランタリズム研究所監修（2014）『日本ボランティア・NPO・市民活動年表』p. 391. 明石書店
マッケン，H. ほか著、最所篤子・福井久美子訳（2020）『フェミニズム大図鑑』三省堂
溝口明代・佐伯洋子・三木草子編（1992）『資料日本ウーマン・リブ史Ⅰ　1969–1972』松香堂書店
溝口明代・佐伯洋子・三木草子編（1994）『資料日本ウーマン・リブ史Ⅱ　1972–1975』松香堂書店
溝口明代・佐伯洋子・三木草子編（1995）『資料日本ウーマン・リ

ブ史Ⅲ 1975-1982』松香堂書店
みやぎ助産師オンラインチーム M-MOT（2022）『6歳までに伝えたい性のおはなし　はじめの一歩』みやぎ助産師オンラインチーム M-MOT
牟田和恵（2006）「フェミニズムの歴史からみる社会運動の可能性」天野正子ほか編（2009）『新編　日本のフェミニズム１　リブとフェミニズム』pp. 270-286. 岩波書店
村田晶子・弓削尚子編（2017）『なぜジェンダー教育を大学でおこなうのか　日本と海外の比較から考える』青弓社
ヤンソン柳沢由実子（1997）『リプロダクティブ・ヘルス／ライツ　からだと性、わたしを生きる』国土社
Arcara, S.（2022）'Feminists of All Languages Unite: Translation as Political Practice in the 1970s or a Historical View of Feminist Translation', in C. Rundle（ed.）*The Routledge Handbook of Translation History*. New York: Routledge, pp. 355-371.
Bessaïh, N.（2021）'Translation and Women's Health', in S. Susam-Saraeva and E. Spišiaková（eds.）*The Routledge Handbook of Translation and Health*. New York: Routledge, pp. 331-347.
Bessaïh, N. and A. Bogic（2020）'Translating Feminist Texts on Women's Sexual and Reproductive Health', in L. von Flotow and H. Kamal（eds.）*The Routledge Handbook of Translation, Feminism and Gender*. New York: Routledge, pp. 518-527.
Boston Women's Health Book Collective（1970）*Women and Their Bodies*. Boston: New England Free Press.
Boston Women's Health Book Collective（1973, 1976, 1979, 1984, 1992, 1998, 2005, 2011）*Our Bodies, Ourselves*. New York: Simon & Schuster.
Davis, K.（2007）*The Making of Our Bodies, Ourselves*. Durham: Duke University Press.
von Flotow, L.（1991）'Feminist Translation: Contexts, Practices, Theories', *TTR*. Vol. 4, No. 2, pp. 69-84.
von Flotow, L.（1997）*Translation and Gender*. Manchester: St Je-

rome and Ottawa: University of Ottawa Press.
Genette, G., J. E. Lewin (tr.) (1987 [2001]) *Paratexts: Thresholds of Interpretation*. Cambridge: Cambridge University Press.
Kline, W. (2010) *Bodies of Knowledge*. Chicago and London: The University of Chicago Press.
New England Free Press (n.d.) 'Publishing Our Bodies, Ourselves'. https://www.nefp.online/our-bodies-ourselves (Accessed: 12 June 2024)
Our Bodies Ourselves Today (2023a) 'History and Legacy of Our Bodies Ourselves'. https://ourbodiesourselves.org/about-us/our-history/ (Accessed: 12 June 2024)
Our Bodies Ourselves Today (2023b) 'OBOS Timeline: 1969–Present'. https://ourbodiesourselves.org/about-us/our-history/timeline/ (Accessed: 12 June 2024)
Our Bodies Ourselves Today (2023c) 'Our Bodies, Ourselves: The Nine U.S. Editions'. https://ourbodiesourselves.org/about-us/our-history/publications/our-bodies-ourselves-the-nine-u-s-editions/ (Accessed: 12 June 2024)
Simon, S. (1996) *Gender in Translation*. London: Routledge.
Turshen, M. (2020) *Women's Health Movements: A Global Force for Change* (2nd edition). Singapore: Palgrave Macmillan.

【第２章で調査した辞典と医学書】
『広辞苑　第七版』(2018) 岩波書店
『三省堂国語辞典　第八版』(2021) 三省堂
『新明解国語辞典　第八版』(2020) 三省堂
『大辞泉　第二版』(2012) 小学館
『大辞林　第三版』(2006) 三省堂
『大辞林　第四版』(2019) 三省堂
坂井建雄・橋本尚詞 (2020)『ぜんぶわかる人体解剖図』成美堂出版
主婦の友社編 (2018)『家庭の医学』主婦の友社
小学館・ホームメディカ編集委員会編 (2008 [2015])『新版　家庭

医学大辞典』小学館

【第3章】

秋山洋子（1993）『リブ私史ノート　女たちの時代から』インパクト出版会
浅井春夫（2020）『包括的性教育』大月書店
荻野美穂（1988）「日本語版発刊にあたって　Ⅱ日本語版について」ボストン女の健康の本集団編著、日本語版翻訳グループ訳『からだ・私たち自身』pp. 8–9. 松香堂書店
加藤重広・澤田淳編（2020）『はじめての語用論　基礎から応用まで』研究社
黄興濤著、孫鹿訳（2021）『「她《かのじょ》」という字の文化史　中国語女性代名詞の誕生』汲古書院
自由国民社（2024）「ユーキャン新語・流行語大賞　第6回1989年授賞語」https://www.jiyu.co.jp/singo/index.php?eid=00006（閲覧日：2024年6月12日）
田山花袋（1907）「蒲団」坪内祐三・小谷野敦編（2001）『明治の文学　第23巻　田山花袋』筑摩書房
中村桃子（2021）『「自分らしさ」と日本語』筑摩書房
中村桃子（2024）『ことばが変われば社会が変わる』筑摩書房
鍋島弘治朗・ブルックス，M.（2020［2024］）『英日翻訳の技術　認知言語学的発想！』くろしお出版
橋本紀子・池谷壽夫・田代美江子編（2018）『教科書にみる世界の性教育』かもがわ出版
フクチマミ・村瀬幸浩（2020［2021］）『おうち性教育はじめます』KADOKAWA
ヘレンハルメ美穂（2020）「スウェーデン語の新たな代名詞「hen」が歩んだ道のり」北欧語書籍翻訳者の会 2020年1月30日 https://note.com/nordiclanguages/n/n1dd318dde242（閲覧日：2024年6月12日）
柳父章（1976［2011］）『翻訳とはなにか　日本語と翻訳文化』法政大学出版局
柳父章（1982［2011］）『翻訳語成立事情』岩波書店

ヤング，E. 著、上田勢子訳（2021）『ノンバイナリーがわかる本 heでもsheでもない、theyたちのこと』明石書店
Gustafsson Sendén, M., E. A. Bäck and A. Lindqvist (2015) 'Introducing a Gender-Neutral Pronoun in a Natural Gender Language: The Influence of Time on Attitudes and Behavior', *Frontiers in Psychology*, Vol. 6, pp. 1-12.
Lindqvist, A., E A. Renström, and M. Gustafsson Sendén (2019) 'Reducing a Male Bias in Language? Establishing the Efficiency of Three Different Gender-Fair Language Strategies', *Sex Roles*, Vol. 81, pp. 109-117.
Ontario Tech University (2024) 'Pronouns'. https://studentlife.ontariotechu.ca/current-students/equity-and-inclusion/resources/pronouns.php (Accessed: 12 June 2024)

＊第１章と第２章は、下記の研究結果をもとに書き下ろしました。第２章の荻野美穂氏へのインタビュー部分は、④以外は初出です。

【第１章】

古川弘子（2013）「女ことばと翻訳　理想の女らしさへの文化内翻訳」『通訳翻訳研究』第13号．pp. 1-23.
古川弘子（2017）「翻訳・非翻訳小説における女ことば　文末詞使用と読者受容」『通訳翻訳研究』第17号．pp. 93-111.
Furukawa, H. (2015) 'Intracultural Translation into an Ideological Language: The Case of the Japanese Translations of *Anne of Green Gables*', *Neohelicon*. Vol. 42, No. 1, pp. 297-312.
Furukawa, H. (2017a) 'Kiki's and Hermione's Femininity: Non-Translations and Translations of Children's Literature in Japan', *Invitation to Interpreting and Translation Studies*, Vol. 17, pp. 20-34.
Furukawa, H. (2017b) 'De-Feminizing Translation: To Make Women Visible in Japanese Translation', in L. von Flotow and F. Farahzad (eds.) *Translating Women: Different Voices and New Horizons*. London and New York: Routledge, pp. 76-89.

【第２章】

古川弘子（2021）「『からだ・私たち自身』（1988）が唱えたリプロダクティブ・ヘルス／ライツ」『通訳翻訳研究』第 21 号．pp. 77–96.
古川弘子（2023）「『女のからだ』（1974）とフェミニスト翻訳」『WAN 女性学ジャーナル』 2023/10/19. pp. 1–31.

ちくまプリマー新書

301
翻訳ってなんだろう？
――あの名作を訳してみる
鴻巣友季子

翻訳とは、一言一句を見つめて「深い読書」をすることだ！　誰もが知っているあの名作を紙上で翻訳しながら読み解く、まったく新しい「翻訳読書」のススメ！

309
小説は君のためにある
――よくわかる文学案内
藤谷治

小説って何だろう。他の文章には無い特性ゆえに、僕や君の人生に意味を持つ。ではその特性とは何か。優れた名作に触れながら小説の可能性について考える。

457
沖縄について私たちが知っておきたいこと
高橋哲哉

沖縄の基地問題を理解し、その解消を目指すためには、まず、沖縄が日本に併合された経緯やその後何度も本土のために犠牲になった歴史を知らなければならない。

464
ひっくり返す人類学
――生きづらさの「そもそも」を問う
奥野克巳

世界には、「貧富の差」のない共同体や、学校に行かず「教わる」という概念も持たない社会が存在する。常識をひっくり返して考えた時、議論すべき本質が見える。

401
学校はなぜ退屈でなぜ大切なのか
広田照幸

「道徳は教えられるか」「学校の勉強は仕事に役立つか」「教育は格差を解消できるか」「AI社会で教育は変わるか」――広い視点と多様な角度からとらえなおす。

ちくまプリマー新書

419 小さなまちの奇跡の図書館　猪谷千香

さびれつつあった九州南端の図書館はどのようにして日本で最も注目されるようになったのか？　鹿児島県指宿市の図書館を変えた地元女性たちの大奮闘の物語。

437 体育がきらい　坂本拓弥

ボールが怖い、失敗すると怒られるなどの理由で嫌われがちな体育だが、強さや速さよりも重要なことがある。「嫌い」を哲学で解きほぐせば、体育の本質が見える。

465 公式は覚えないといけないの？——数学が嫌いになる前に　矢崎成俊

自分は数学には無縁だと思っていませんか？　実は、私たちは日々自然と数学しています。なんで？　と疑問を持った瞬間からもう数学は始まっているのです。

466 学力は「ごめんなさい」にあらわれる　岸圭介

聞く・話す・書く・読む・解く——5つの技能からことばが持つ意味と価値を正しく理解し、より高い学習能力とコミュニケーション能力を身に付けるヒントを示す。

027 世にも美しい日本語入門　安野光雅　藤原正彦

七五調のリズムから高度なユーモアまで、古典と呼ばれる文学作品には、美しく豊かな日本語があふれている。若い頃から名文に親しむ事の大切さを、熱く語り合う。

ちくまプリマー新書

357
10代と語る英語教育
――民間試験導入延期までの道のり
鳥飼玖美子
署名活動への参加や国会前でのデモなど、英語民間試験導入延期に大きな役割を担った三人に取材し、大学入試改革とは何か、英語教育はどうあるべきかを説き明かす。

390
バッチリ身につく 英語の学び方
倉林秀男
ベストセラー『ヘミングウェイで学ぶ英文法』著者が贈る、語彙・文法・音読・リスニング……ことばの「基礎体力」の鍛え方。英語学習を始める前にまずはこの本！

443
東大生と学ぶ語彙力
西岡壱誠
数学で使われる「定義と定理」の違いをきちんと理解できていますか？　語彙力は国語だけでなく全教科において重要です。勉強する「前」に語彙力を身につけよう！

001
ちゃんと話すための敬語の本
橋本治
敬語ってむずかしいよね。でも、その歴史や成り立ちがわかれば、いつのまにか大人の言葉が身についていく。これさえ読めば、もう敬語なんかこわくない！

052
話し上手 聞き上手
齋藤孝
人間関係を上手に構築するためには、コミュニケーションの技術が欠かせない。要約、朗読、プレゼンテーションなどの課題を通じて、会話に必要な能力を鍛えよう。

ちくまプリマー新書

076 読み上手 書き上手 齋藤孝

入試や就職はもちろん、人生の様々な局面で読み書きの能力は重視される。本の読み方、問いの立て方、国語の入試問題などを例に、その能力を鍛えるコツを伝授する。

151 伝わる文章の書き方教室 ――書き換えトレーニング10講 飯間浩明

ことばの選び方や表現方法、論理構成をちょっと工夫するだけで、文章は一変する。ゲーム感覚の書き換えトレーニングを通じて、「伝わる」文章のコツを伝授する。

158 考える力をつける論文教室 今野雅方

まっさらな状態で、「文章を書け」と言われても、なかなか書けるものではない。社会を知り、自分を知ることから始める、戦略的論文入門。３つのステップで、応用自在。

191 ことばの発達の謎を解く 今井むつみ

単語も文法も知らない赤ちゃんが、なぜ母語を使いこなせるようになるのか。発達心理学、認知科学の視点から、思考の道具であることばを獲得するプロセスを描く。

273 人はなぜ物語を求めるのか 千野帽子

人は人生に起こる様々なことに意味付けし物語として認識することなしには生きられません。それはどうしてなのか？　その仕組みは何だろうか？

ちくまプリマー新書

ちくまプリマー新書

033 おもしろ古典教室 上野誠
「古典なんて何の役にも立ちません！ 私も古典の授業が嫌いでした！」こう言いきる著者が、「おもしろい」を入り口に、現代に花開く古典の楽しみ方を伝授する。

053 物語の役割 小川洋子
私たちは日々受け入れられない現実を、自分の心の形に合うように転換している。誰もが作り出し、必要としている物語を、言葉で表現していくことの喜びを伝える。

106 多読術 松岡正剛
読書の楽しみを知れば、自然と多くの本が読めます。著者の読書遍歴をふりかえり日頃の読書の方法を紹介。さまざまな本を交えながら、多読のコツを伝授します。

276 はじめての哲学的思考 苫野一徳
哲学は物事の本質を見極める、力強い思考法を生み出してきた。誰もが納得できる考えに到達するためのその思考法のエッセンスを、初学者にも理解できるよう伝える。

395 人生はゲームなのだろうか？——〈答えのなさそうな問題〉に答える哲学 平尾昌宏
読書猿さん推薦！ ルールも目的もはっきりしないこの「人生」を生き抜くために、思考の「根拠」や「理由」をひとつひとつ自分で摑みとる練習を始めよう。

chikuma primer shinsho

ちくまプリマー新書469

翻訳《ほんやく》をジェンダーする

二〇二四年九月十日　初版第一刷発行

著者　古川弘子（ふるかわ・ひろこ）

装幀　クラフト・エヴィング商會

発行者　増田健史

発行所　株式会社筑摩書房
東京都台東区蔵前二－五－三　〒一一一－八七五五
電話番号　〇三－五六八七－二六〇一（代表）

印刷・製本　株式会社精興社

ISBN978-4-480-68496-7 C0295　Printed in Japan